絶望の裁判所

瀬木比呂志

講談社現代新書

2250

はしがき——絶望の裁判所

この門をくぐる者は、一切の希望を捨てよ。

ダンテ『神曲』地獄篇第三歌

裁判所、裁判官という言葉から、あなたは、どんなイメージを思い浮かべるだろうか？ごく普通の一般市民であれば、おそらく、少し冷たいけれども公正、中立、廉直《れんちょく》、優秀な裁判官、杓子定規で融通はきかないとしても、誠実で、筋は通すし、出世などにはこだわらない人々を考え、また、そのような裁判官によって行われる裁判についても、同様に、やや市民感覚とずれるところはあるにしても、おおむね正しく、信頼できるものであると考えているのではないだろうか？

しかし、残念ながら、おそらく、日本の裁判所と裁判官の実態は、そのようなものではない。前記のような国民、市民の期待に大筋応えられる裁判官は、今日ではむしろ少数派、マイノリティーとなっており、また、その割合も、少しずつ減少しつつあるからだ。そして、そのような少数派、良識派の裁判官が裁判所組織の上層部に昇ってイニシアティヴを発揮する可能性も、皆無に等しい。

裁判所の利用者の視点に立って、少し具体的に想像してみよう。

あなたが理不尽な紛争に巻き込まれ、やむをえず裁判所に訴えて正義を実現してもらおうと考えたとしよう。裁判所に行くと、何が始まるだろうか？

おそらく、ある程度審理が進んだところで、あなたは、裁判官から、強く、被告との「和解」を勧められるだろう。和解に応じないと不利な判決を受けるかもしれないとか、裁判に勝っても相手から金銭を取り立てることは難しく、したがって勝訴判決をもらっても意味はないとかいった説明、説得を、相手方もいない密室で、延々と受けるだろう。また、裁判官が相手方にどんな説明をしているか、相手方が裁判官にどんなことを言っているか、もしかしたらあなたのいない場所であなたを中傷しているかもしれないのだが、それはあなたにはわからない。あなたは不安になる。そして、「私は裁判所に理非の決着をつけてもらいにきたのに、なぜこんな『和解』の説得を何度も何度もされなければならないのだろうか？　まるで判決を求めるのが悪いことであるかのように言われるなんて心外だ……」という素朴な疑問が、あなたの心にわき上がる。

また、弁護士とともに苦労して判決をもらってみても、その内容は、木で鼻をくくったようなのっぺりした官僚の作文で、あなたが一番判断してほしかった重要な点については形式的でおざなりな記述しか行われていないということも、よくあるだろう。

もちろん、裁判には原告と被告がいるのだから、あなたが勝つとは限らない。しかし、あなたとしては、たとえ敗訴する場合であっても、それなりに血の通った理屈や理由付けが判決の中に述べられているのなら、まだしも納得がいくのではないだろうか。しかし、そのような訴訟当事者（以下、本書では、この意味で、「当事者」という言葉を用いる）の気持ち、心情を汲んだ判決はあまり多くない。必要以上に長くて読みにくいが、訴訟の肝心な争点についてはそっけない形式論理だけで事務的に片付けてしまっているものが非常に多い。

こうしたことの帰結として、二〇〇〇年度に実施された調査によれば、民事裁判を利用した人々が訴訟制度に対して満足していると答えた割合は、わずかに一八・六％にすぎず、それが利用しやすいと答えた割合も、わずかに二二・四％にすぎないというアンケート結果が出ている（佐藤岩夫ほか編『利用者からみた民事訴訟――司法制度改革審議会「民事訴訟利用者調査」の2次分析』〔日本評論社〕一五頁）。日本では、以前から、訴訟を経験した人のほうがそうでない人よりも司法に対する評価がかなり低くなるといわれてきたが、右の大規模な調査によって、それが事実であることが明らかにされたのである。

また、あなたが不幸にも痴漢冤罪《えんざい》に巻き込まれたとしよう。いったん逮捕されたが最後、あなたは、弁護士との面会の時間も回数も限られたまま、延々と身柄を拘束されることになるだろう。突然あなたを襲った恐怖の運命に、あなたは、狼狽し、絶望し、ただただ牢獄から出してもらいたいばかりに、時間を選ばない厳しい取調べから逃れたいばかりに、また、後から裁判で真実を訴えれば裁判官もきっとわかってくれるはずだと考えて、「はい、やりました」と言ってしまうかもしれない。しかし、虚偽の自白をしてしまった場合にはもちろん、あなたが否認を貫いて公判に臨めるほどに強い人間であったとしても、あなたが無罪判決を勝ち得る可能性は、きわめて低い。刑事系裁判官の判断の秤は、最初から検察官のほうに大きく傾いていることが多いからである。

裁判の目的とは一体何だろうか？　私は、一言でいえば、「大きな正義」と「ささやかな正義」の双方を実現することではないかと考える。

しかし、今述べたとおり、日本の裁判所では、「ささやかな正義」はしばしば踏みにじられているし、後に述べるように、裁判所が、行政や立法等の権力や大企業等の社会的な強者から国民、市民を守り、基本的人権の擁護と充実、人々の自由の実現に努めるという「大きな正義」については、きわめて不十分にしか実現されていない。

私は、三三年間裁判官を務め、そのかたわら、二〇年余りにわたって、民事訴訟法等の研究や執筆、学会報告を行い、その後明治大学法科大学院の専任教授に転身した。現在の私は純粋な学者であるが、私は、学者の役割の一つは、たとえそれが苦いものであるとしても、事実、真実を人々に告げ知らせることであると考えている。そして、大変ショッキングな真実をここで述べると、あなたは、つまり一般市民である当事者は、多くの裁判官にとって、訴訟記録やみずからの訴訟手控えの片隅に記されているただの「記号」にすぎない。あなたの喜びや悲しみはもちろん、あなたにとって切実なものであるあなたの運命も、本当をいえば、彼らにとっては、どうでもいいことなのである。

　日本の裁判所、裁判官の関心は、端的にいえば、「事件処理」ということに尽きている。とにかく、早く、そつなく、「事件」を「処理」しさえすればそれでよいのだ。

　また、権力や政治家や大企業も、これをよしとしている。庶民のどうでもいいような事件、紛争などともかく早く終わらせるにこしたことはなく、冤罪事件などいくらかあっても別にどうということはなく、それよりも、全体としての秩序維持、社会防衛のほうが大切であり、また、司法が「大きな正義」などに深い関心を示すことは望ましくない、あるいは、そうなったら大変に都合が悪い。大国の権力や政治家や大企業は、おおむねそのように考えているに違いない。そして、日本の裁判所は、そういう意味、つまり、「民を愚かに保ち続け、支配し続ける」という意味では、非常に、「模範的」な裁判所なのである。

そして、まさにそのような意味合いにおいて、私は、日本の裁判所、裁判官、少なくともそのトップと、裁判官の多数派、マジョリティーとに、深く失望、絶望している。

つまり、日本の裁判所は、大局的にみれば、「国民、市民支配のための道具、装置」なのであり、また、そうした道具、装置としてみれば、きわめてよくできているのだ。

それでは、なぜ、日本の裁判所、裁判官は、そのような「装置、道具」の役割に甘んじているのだろうか？

裁判所組織と裁判官個人の双方の観点から、また、私自身の私的な体験をも交えつつ、それを説き明かし、読者に「苦い真実」を知っていただき、それをきっかけとしてこれからの司法のあるべき姿について考えていただくことが、この書物の目的である。

前記のような経歴をもつ私の、本書を執筆するに当たってのスタンスは、「法律実務や法律実務家（以下、この意味で、「実務」、「実務家」という言葉を用いる）の実際を知る一学者」というものである。つまり、基本的な分析については、あくまで学者として、できる限り冷静、厳密、客観的に行うが、自分の先のような体験とそれに基づく知識をも織り交ぜながら語っていきたい。また、自分の体験を語る場合にも、その客観的な意味付けを忘れないようにしたい。

裁判所、裁判官批判の書物はこれまでにかなりの数書かれてきたが、左派、左翼の立場から書かれたものやもっぱら文献に頼った学者の分析が大半で、裁判所と裁判官が抱えているさまざまな問題を総合的、多角的、重層的に論じたものはほとんどない。本書においては、そのような事実を踏まえ、できる限り広い視野から、根源的かつ構造的な分析と考察を行うように努めた。

一つ付け加えれば、本書において、私は、前記のとおり、おそらく過去にあまり例のない包括的、徹底的な日本の裁判所、裁判官批判を行ったが、基本的には、個々の裁判官個人の心にひそむ人間性までをも否定するつもりはない。また、私は、現在でも、裁判官と呼ぶにふさわしい裁判官は日本にも一定の割合で存在すると考えている。さらに、高位の裁判官や本文で詳しく触れる最高裁判所事務総局系の裁判官の中にも、人間として評価するに足りる人物は存在するとも考えている。ただ、彼らが、社会との関係、裁判官集団との関係の中で果たしている役割について考察するときには、それはそれ、これはこれとして、批判すべきところは批判するしかない。それが、「実務を知る一学者」としての私の役割であり、また義務でもあると考えるからである。

なお、私は、思想的には広い意味での自由主義者であり、また、個人主義者でもあると思うが、いかなる政治的な立場にも与《くみ》してはいないことも、お断りしておく。

それでは始めよう。

目次

第1章

私が裁判官をやめた理由《わけ》

——自由主義者、学者まで排除する組織の構造

私が裁判官になった理由《わけ》

私は、一九五四年に名古屋の古い下町に生まれ、高校までそこで育った後に、東京大学文科I類（法学部に進むコース）に入学し、四年生の時に司法試験に合格した。

司法試験を受けた理由は、どう考えても自分が会社に向いているようには思えなかったからである。また、当時は合格者五百名台、留年生を除いた純粋な大学生の合格者は全国で数十名という狭き門に挑戦してみたいという気持ちもあった。幼いころから自分の能力だけを頼りに生きてきた、また、それ以外に頼りになるものは何もないと両親に叩き込まれてきた優等生の、悲しき性《さが》である。

しかし、実をいえば、本当にやってみたかったのは、文学部での社会・人文科学の研究だった。今考えても、本来ならそれが一番自然だったのではないかという気がする。文学部ではなくとも、最初から法学部の学者をめざしてもよかっただろう。本当をいえば、私は、およそ宮仕え向きの人間ではなかった。

しかし、両親は、当時はまだいわゆるエリートの試験であった司法試験に息子が合格したことにいたく満足していたし、また、私が裁判官になることをも強く望んでいた。父は、その両親を早く亡くして後見人に多額の遺産を蕩尽《とうじん》されたことから高等教育を断念した人間であり、能力もプライドも高かったが、世の中に対しては屈折した心情を抱いていた。行政官僚を憎み、軽蔑しながら、裁判官はすばらしいと思ってしまい、また、私が裁判官をやめたがると、いつも、何とかそれを思いとどまらせようと必死だった。「おまえには裁判官以外は務まらない」というのが父の口癖で、普通のサラリーマンが務まらないだろうことは私にもよくわかっていたが、学者が務まらないというのは、全くわけがわからなかった。要するに、なぜかはわからないが、学者にはなってもらいたくなかったのだろう。また、私が学生の時点では、子どもが学者の道に進む経済的余裕は私の家庭には乏しかったことも事実である。

司法試験に合格した後に裁判官を選んだのは、法曹三者、つまり、裁判官、検察官、弁護士の中ではそれがまだしも自分には向いているだろうと考えたことが大きく、また、前記のとおり親の勧めもあったが、今思うと、そのほかに、ことに当時は法曹三者の中でも一段高いものとみられていた裁判官として成功したいという隠された上昇志向があったことも否定できない。それは、両親から私に、屈折した形で潜在的に受け継がれたものだった。このような隠された、しかし根深い上昇志向は、左派の人々までをも含めて、日本の優等生にきわめて特徴的、一般的なものであるが、私もまた、その例外ではなかった。幼いころから数多くの書物を読み、あらゆる芸術に親しんできたにもかかわらずである。

薬害裁判と留学

一九七九年に裁判官に任官し、判事補（裁判官は、最初の一〇年間は判事補、その後は判事となる。もっとも、実際には、六年目からは、いわゆる特例判事補として、判事と同様に一人で普通の裁判ができるようになる）として東京地裁に就任した私は、ただちに、大規模薬害訴訟事件の一つであるクロロキン薬害訴訟事件に携わり、右陪席（合議事件についての右陪席。法廷で裁判長からみて右側に座るのでこう呼ばれる。左側に座るのが一番若い左陪席であり、この時点の私である）と分担して長大な判決を書いた（一九八二年〔昭和五七年〕二月一日東京地裁判決）。この事件の証拠に現れた製薬会社の利益一辺倒と消費者の健康無視の姿勢、薬事行政のずさんさ、薬剤の有効性を裏付ける論文を書いた大学病院医師たちと製薬会社の金銭がらみの癒着は、驚くべきもの、目に余るものであった。判決では、国の責任をも認めている。

長い判決を苦労して書きながら、英米法と英語を勉強し、留学試験に合格して、アメリカ、シアトル市のワシントン大学で、客員研究員として一年間研究に従事した。

私が研究、執筆を始めることになった大きなきっかけは、一九八二年から一年間のこのアメリカの大学への留学と、一九八六年から二年間の最高裁判所事務総局民事局における局付経験だった。

留学時代には、なぜアメリカ人は基本的に自由に生きているのに、自分を含む日本人はそうではないのかということをよく考えていた。これは、アメリカがよい国であるかどうかとはまた別の事柄である。アメリカという国には、さまざまな国家に対する武力、諜報活動、軍事援助等による介入という醜い側面があり、国内にも問題は多い。しかし、少なくとも当時は、普通の市民の生活をみる限り、日本の場合よりもはるかに自由で伸び伸びしていたことも事実である。

また、アメリカの前記のような醜い側面についても、自覚的であり、よくないことであると思っている人々も存在する。そして、確かに、アメリカの正義派には、身体を張って人々の自由と権利を守ろうとする勇気をもつ「強い個人」が存在する。草の根民主主義の伝統と司法権の独立とが、アメリカの民主制を根元で支えているように感じられた。

私にとっては、アメリカでの一年間は、かつてない自由を謳歌できた貴重な期間であり、また、元々私は、精神形成についていえば、半ばは欧米、四分の一はアメリカで育ったようなものだったから、違和感や寂しさを感じることはほとんどなかった。

最高裁判所事務総局で感じた違和感

むしろ、日本に帰ってからの再適応のほうがきつかった。それでも、当初は浜松ののどかな暮らしで、いやなことがなかったわけではないが楽しいことのほうが多かったからよかったが、その後の最高裁判所事務総局民事局局付の二年間は、当時の上司の中に性格的な問題の大きい人物が含まれていたこともあって、少し大げさにいえば地獄の日々だった。

最高裁判所事務総局という組織は、後にも詳しく触れるが、裁判官と裁判所職員に関わる行政、すなわち「司法行政」を行うことを目的とする最高裁判所内部の行政組織であり、大きく、人事局、経理局、総務局、秘書課、広報課、情報政策課の純粋行政系セクション（行政機関の場合の官房系に相当）と、民事局、行政局、刑事局、家庭局の事件系セクションとに分かれている。民事局は右のとおり事件系のセクションの一つである。各局には、一名の局長、二名以上の課長、そしてその下で働くおおむね数名の局付（多くは判事補）がおり、人事局、経理局の課長の一部を除けば裁判官である。この組織には、数の上からいえば裁判官よりもずっと多くの裁判所書記官・事務官も働いているが、実際に権限をもっているのは前記の裁判官だけであるといってよい。

本書全体の記述の前提知識として、最高裁判所の機構についてここで示しておく。

1　裁判部門

15名全員の裁判官で構成される大法廷と、5名ずつの裁判官で構成される第一小法廷から第三小法廷までの3つの小法廷がある。もっとも、最高裁判所長官は小法廷の審理には加わらないことが多い（長官所属の小法廷は基本的に4名で審理）。なお、大法廷の定足数は9名、小法廷の定足数は3名である。

2　司法行政部門

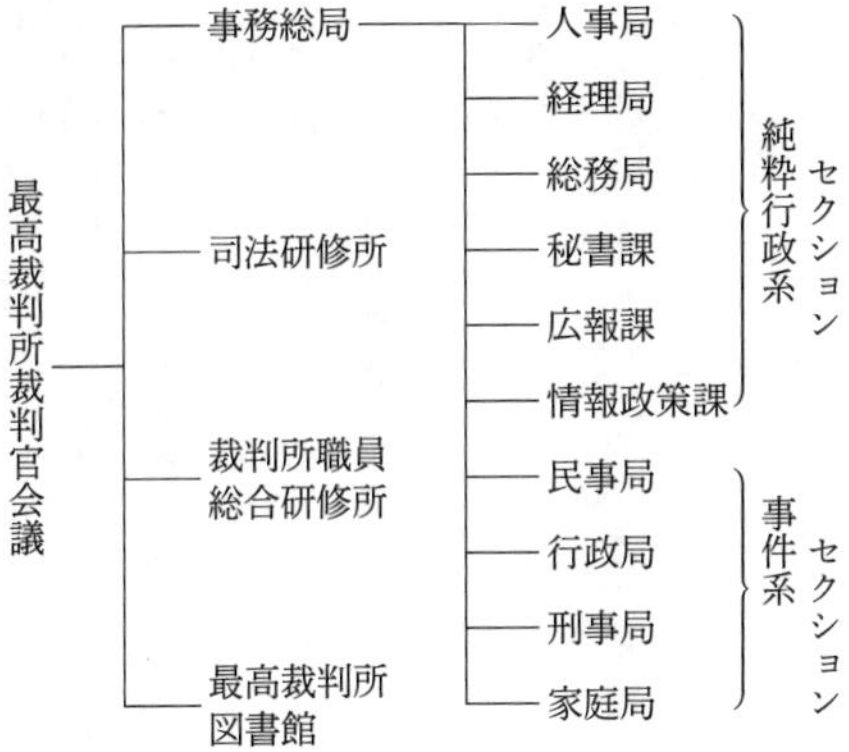

最高裁判所の機構

局付生活に苦痛を感じていたのは私だけではない。現在は東京等の大高裁裁判長、地家裁所長、あるいは大地裁の裁判長となっている当時の局付たちは、ほとんどが、息をひそめて、事務総局から出られる日を指折り数えながら待っていたものである。

数少ないすぐれた中国映画の一つである『鬼が来た！』（チアン・ウェン監督、二〇〇〇年）に、村人たちと歓談している日本兵たちが、その場の「空気」の流れに従って自然発生的に虐殺を始めるシーンがある。非常によくできているそのシーンは、本当に恐ろしい。現在の日本人の間にも、そういう「空気」の支配に流されやすい性格は相変わらず残っているからだ。私が民事局にいたころ、司法行政を通じて裁判官支配、統制を徹底したといわれる矢口洪一最高裁判所長官体制下の事務総局には、もしもそこが戦場であったなら先のようなことが起こりかねないような一触即発の空気が、常に漂っていた。

この局付時代の記憶から二つのことを書いておきたい。

一つは、ある国会議員（断っておくと、左翼政党の議員ではない）から入った質問に対してどのように答えるかをいくつかの局の裁判官（課長と局付）が集まって協議していた時のことである。

ある局の課長がこう言った。

「俺知ってるんだけどさ、こいつ、女のことで問題があるんだ。〔端的な質問対策として〕そのことを、週刊誌かテレビにリークしてやったらいいんじゃねえか？」

しばらくの間、会議の席を静寂が支配したことをよく覚えている。

それはさすがにまずいのではないかということで、彼のアイディアは採用されなかった。メンバーは、裁判官の口から先のような言葉が出たことに明らかにショックを受けていた。しかし、当の課長は、平然としていた。

彼は、後に、出世のピラミッドを昇り詰めて、最高裁入りを果たすことになる。ある人間がこうしたヒエラルキー、階層制のトップまで昇るには、彼の努力だけでは不十分であり、多数の人間の推挙と承認が必要である。つまり、先のような人物がトップ入りする組織には、それ相応のダークサイドが存在するに違いないということだ。

もう一つは、極秘裏に行われたある調査のことである。

内容は簡単なものであり、特定の期間に全国の裁判所で判決が下された国家賠償請求事件について、関与した裁判官の氏名と、判決主文の内容とを一覧表にしたものであった。前記のとおり司法行政を通じて裁判官支配、統制を徹底した矢口長官体制下の出来事であったことを考えると、その資料が何らかの形で人事の参考に供された可能性は否定できないと思う。

ともかく、いやなことが多い二年間だった。私の場合、この時に感じた事務総局の官僚組織と司法官僚に対する違和感は、その後も、消え去ることなく残った。

その局付生活の救いとなっていたのは、民事保全法という民事訴訟法領域の基本法の立法準備作業の経験だった。法務省の山崎潮参事官とのコラボレーションは、彼がただの法務官僚ではなくクリエイター的な資質をもった人物であったことから、私にとって学ぶところの大きなものだった。法制審議会で聴くことのできた当時の学界の重鎮三ケ月《みかづき》章教授を始めとする学者たちの議論、意見からも、やはり多くを学んだ。前記のとおり、私の本来の資質は、社会・人文科学研究者のそれであったと思うが、それが明確に形を成したのは、この二年間であったと思う。

談合裁判、判決内容の事前リーク、東京地裁内の出来レース選挙

その後、東京地裁の保全部というセクションに一年間所属した。

ここでも一つおかしなことがあった。国が債権者（申立人）となる仮の地位を定める仮処分命令事件について、国（法務省）が、事前に、秘密裏に、裁判所に対して、その可否、可能であるとすればどのような申立てを行えばよいのかを事実上問い合わせ、未だ仮処分の申立てすらない時点で、かなりの数の裁判官たちがそれについて知恵を絞ったのである。

仮の地位を定める仮処分命令手続というのは、本式の民事訴訟を行う前に、より簡略化された一種の略式訴訟手続で原告側の利益を仮に実現してしまう強力な手続であり、そのまま本裁判なしに紛争が決着してしまうことが多い。この時の国の申立ては、確か、国のある機関が特定の団体についてそこに出入りする人物をカメラを用いてチェックしていたところ、それがその団体にみつかってしまい、カメラがさらしものになったまま撤去できないので、何とかそれを撤去したいという動機に基づくものであったと記憶している。

その仮処分の申立ての当否については、ここではおく。私がショックを受けたのは、前記のような一種の事前談合行為が、国が仮処分の申立てを行う前になされたことである。これは、明らかな結果の先取り行為であり、裁判の自殺である。何らかの特定の法規に違反する行為というわけではないが、それは、このような行為がおよそ考えられないものであるために法律で規制されていないからというだけのことにすぎない。

重要なことなのでほかの例も挙げておくと、ずっと後のことであるが、東京地裁の多数の部で審理が行われている同種憲法訴訟について、同様に事前談合に類した行為が行われたことがある。裁判長の定例会議におけるある女性裁判長の提案により、裁判長たちが秘密裏に継続的な会合をもち、却下ないし棄却を暗黙の前提として審理の進め方等について相談を行ったのである。なお、先の提案については、一人の裁判長の独断によるものではなく、民事、刑事に各二名ずついる所長代行判事が彼女にそれを示唆したという可能性もある（付け加えれば、東京地裁の所長が直接に裁判長を始めとする裁判官たちと接触することは、パーティー等の公式の場を除けばまれである）。

こうした不正は、裁判の基本的な公正を害する行為なのだが、おそらく、日本の司法においては、さまざまな場所にさまざまな形で存在するのではないかと思われる。本当の意味での手続保障やフェアネスの観念、民事訴訟法、刑事訴訟法等の手続法学の根幹を成すそのような観念が、裁判官の間にさえ十分に根付いていないことを示している。表に出さえしなければ大抵のことは許されるという感覚である。

確かに、日本の司法には、今なお第三世界にはままみられるような明らかな汚職まではは存在しない。しかし、だからといってそれが本当に廉潔、公正、透明なものであるといえるのかどうか？　前記のような意味では先進諸国の国際標準に達していない部分もかなり存在するのではないかと私は考えている。

二〇一三年に広く報道されたところ（四月九日付朝日新聞等）によれば、田中耕太郎第二代最高裁長官が、米軍基地拡張反対運動のデモ隊が境界柵を壊し数メートル基地内に立ち入ったとして起訴されたいわゆる砂川事件の一審無罪判決（一九五九年〔昭和三四年〕三月三〇日東京地裁判決）に対する最高裁への跳躍上告事件（同年一二月一六日最高裁大法廷判決。破棄差戻し、全員一致。なお、この跳躍上告は、後記マッカーサー大使の示唆に基づくものといわれている）に関し、同年七月に、共通の友人宅で面談したレンハート駐日米公使に対し、「判決はおそらく一二月であろう。〔最高裁の審議では〕実質的な全員一致を生み出し、世論を揺さぶる元となる少数意見を回避するようなやり方で〔評議が〕運ばれることを願っている」と伝えていたという。また、田中長官は、判決に先立ってマッカーサー駐日米大使ともやはり非公式の会談を行い、判決の見通しを示唆していたという。いずれも機密指定を解かれた米公文書により判明した事実である。これらは、最高裁大法廷判決の内容と見通しに関する、かなりの程度に明確な事前のリーク、それも政治的な意図に基づくところの、外国高官に対するリークである。

「元東大法学部長」で「商法、法哲学の学者」であった人間が、最高裁長官になると、こういうことをやっているのだ。この学者にとって、「法哲学」とは、「学問」とは、一体何だったのだろうか？　しかし、これが、日本の司法の現実、実像なのである。

この例を、前記のようなより小さな例と比較してみていただきたい。明らかに同根の問題であることがおわかりになるだろう。

これらよりは罪が軽いが、やはり首をかしげるような裁判所組織のあり方を示すものとして、東京地裁で行われている所長代行判事等の奇妙な選挙についても書いておこう。

東京地裁の所長代行判事は、前記のとおり、民事、刑事にそれぞれ二名ずつ置かれていて、各第一代行については司法行政だけに専念するという点が、通常の地裁の場合とは異なる。その選挙とともに、常置委員（裁判官の中から選ばれる、司法行政に関わる常置委員会の構成員。民事、刑事各五、六名程度）の選挙も行われている。

なお、司法行政についてここで少し説明しておくと、本来、それは、裁判所法によって、最高裁判所を始めとする各裁判所ごとに設けられている裁判官会議の議によるものとされている。しかし、現実には、本来裁判官会議で決められるべき多くの重要事項が、最高裁のトップである最高裁長官、高裁のトップである高裁長官、地裁、家裁のトップである地家裁所長、また、前記のような常置委員で構成される常置委員会に移譲され、裁判官会議の実体は完全に形骸化しており、これが事務総局による裁判官支配、統制の基盤となっているとの指摘が、昔から行われている（現在では、裁判官会議の権限の一部が委譲された常置委員会の審議も、裁判官会議の審議同様に形骸化している）。

さて、前記の選挙は、選挙といいながら、所長代行についても常置委員についてもあらかじめ決まっていて、各裁判官に対し、各期（司法研修所修了の「期」をいう）の一人を通じて、代行については誰と誰に、常置委員については誰と誰に投票するかが指示されるのである。常置委員については、指定された期のメンバーの間で互選しておく（やりたい人はあまりいないので、よく押し付け合いになる）のだが、所長代行については「上」から指定が来る。そして、判事補たちは、この指定のことを、しばしば、「天の声」と呼んでいた（なお、これと似ているが、最高裁判所調査官の中には、最高裁判事の質問のことを未だに「御下問《ごかもん》」と呼んでいる人がいた）。

このような無意味なシステムが、実に、私が任官してから退官するまでの長い間何ら変わることなく連綿と続いていたのである。

なるほど、所長代行についていえば、もしかしたら、「いや、その人では困る」という意見が多数出て、本物のちゃんとした選挙になる可能性が皆無とはいえない（もっとも、現実には皆無ではないかと私は思う。そんなことをする勇気のある裁判官が一時に多数特定の裁判所に配属されているという事態は、考えにくいからである）から、安全弁としてこのような選挙でも残しておく意味があるかもしれない。しかし、夕方に定期的に行われる研究会（もっとも、研究会という名前にふさわしいような講演等が行われることはそれほど多くなく、むしろ裁判官の一体感を醸成するのが目的と感じられた）のテーマを決め、その準備をするのが実質的には主な仕事になっているような常置委員についてまで、きちんとした選挙ならともかく、このような奇妙かつ無意味な「出来レース選挙」を行うことに一体何の意味があるのだろうか？　およそ理解できない事柄であった。

私は、一度だけ、ある所長代行判事に、「所長代行についてはともかく、現在のようなやり方での常置委員の選挙は、あまり意味がないとは思われませんか？」と尋ねたことがあるが、特に反応はなかった。というより、「この人はどうしてそんな不思議なことを尋ねるのかな？」という雰囲気の表情であった。

こんな選挙は、弁護士会や大学ではもちろんのこと、今では、どんな小さな村でも行われていないであろう。私が子どものころには、田舎の村で全く同じことをやっていた例があったのを記憶しているが、もう半世紀も前のことである。

こうした事態の背景には、おそらく「集団に対するバウンダリー（境界の認識）の欠如、集団や規範の物神化（人間の作ったモノが呪物化され、それに人間が支配される現象）」という心理学的機制があると思う。カウンセリングにおいては、問題含みの人間関係について、「バウンダリーの欠如」と「バウンダリー確立の必要性」がいわれることがある。こうした「バウンダリーの欠如」は、日本では、親密な関係の中でも、集団と個人の関係においても生じやすい。よくいわれる、「集団に対する帰属意識のかたまりのような日本人」ということの原因がこれである。そして、これは、日本の裁判官集団にも非常によく当てはまる事柄であり、彼らは、この奇妙な選挙の例が端的に示すように、「集団や規範の物神化」機制がきわめて強い人々なのである。

選挙訴訟の原告たちがこの事実を知ったら、一体どのように考えるだろうか？

大阪高裁と那覇地裁沖縄支部での経験

局付経験ですっかり疲労困憊《こんぱい》した私は、浜松の気楽な生活を懐かしく思い出し、今度は、比較的ゆとりのある地方の裁判所に勤務したいという希望を出していた。

しかし、ふたを開けてみると、人事は、大阪高裁の左陪席であり、次には東京に帰してやるから大阪に行ってくれと言われた。大阪では、新様式の判決書というそれまでの判決書に比べるとわかりやすく読みやすい判決書の提案を行う委員の末席をも務めた。

先の言葉から次の任地は東京かと思っていたが、現実には、次の人事は、那覇地裁沖縄支部の裁判長というものだった。赴任が決まってしばらくしてから、その支部に、嘉手納《かでな》基地騒音公害訴訟が係属していることを知らされた。

私が沖縄に赴任させられたのは、長期迷走していたこの事件の審理を軌道に乗せ、早期に判決を下すためであった。東京で人を探したが適切な人物がみつからなかったので、結局、大阪高裁にいた私が選ばれたと、後になって人から聞いた。私がその任に選ばれた理由はよくわからないが、おそらく、やみくもに強硬な訴訟指揮を行うような裁判官では原告代理人らの協力が得られまい、いずれかといえば学究肌で訴訟の進め方等に関する知識もある裁判官のほうが望ましい、という考えによることだったのではないかと思う。

当時の空港騒音差止めに関する最高裁の判例は、大阪国際空港夜間飛行差止等請求事件判決（一九八一年〔昭和五六年〕一二月一六日最高裁大法廷判決）であった。しかし、この判決は、わかりやすくいえば「空港騒音の民事差止めは、いかに騒音が大きくても（たとえ難聴のような重大な健康被害が生じても、と読める）、また、夜間だけの限定的差止めであっても許されない。行政訴訟ができるかどうかについては当方は関知しない」という、疑問の大きい内容だった。

私たちの若い合議体は、民間空港と米軍基地という事案の相違があるため、その事件では、最高裁大阪空港判決の判断枠組みに沿うのではなく、せめて、重大な健康被害が生じた場合には差止めも認められるという一般論を立て、判例に小さな穴を開けたいと考えていた。しかし、判決の下書きができた段階で、米軍基地に関する騒音差止請求を主張自体失当として棄却する最高裁判決（一九九三年〔平成五年〕二月二五日）が出た。私たちの模索していた考え方は、この新しい判決に正面から抵触することになってしまったのである。

どうすべきか？　私たちはもう一度その点についての評議をやり直し、結局、新しい最高裁判決に従うという道を採った。

一般的にいえば、事案を同じくする最高裁判決がある場合、下級審裁判所（最高裁以外の裁判所という意味である）はそれに従ってよいことが多いだろう。通常の法律論であれば、多くの場合にはそれで問題はなく、法的な安定性にもかなう。例外は、その判断が何らかの意味で明らかにおかしいと思われる場合ということになる。

正直にいって、私たちは、その最高裁判決の理論構成に完全に得心がいったわけではなかった。しかし、当時は、私も、まだ、疑問は抱きつつも、最高裁判決は正しいもの、よほどのことがない限りそれには従うべきものと考えていたため、最新の最高裁判決と真正面から抵触する判決を出すことに対しては、ためらいがあったのである。

しかし、この判決（一九九四年〔平成六年〕二月二四日那覇地裁沖縄支部判決）は、私の心に、トゲのように突き刺さって残った。本当にあれでよかったのだろうか、という疑念がぬぐいきれず、また、考えれば考えるほど、その思いは少しずつ強まっていったのである。

私は、この事件を契機に、本格的に研究に取り組むようになっていった。民事訴訟法学を含む法学の中心的な原則、理論や、裁判制度、法制度の役割に対する理解の足りなさが、前記のような事態を招いたように思われたからである。

最高裁判所調査官就任、闘病生活、筆名の執筆と実名による研究

一九九四年に沖縄から東京へ帰ると、最高裁判所調査官の仕事に就いた。最高裁判事たちの審議のための報告書を作成したり、場合によっては判決案の大要を書いたりする仕事である。

しかし、二度目の最高裁勤めは、やはり、私には合わず、私は、間もなく体調を崩した。最高裁判所調査官も、厳然たる決裁制度（首席、上席）の存在するヒエラルキー的官僚制システムの歯車であって、同種の仕事を行うアメリカのロークラーク（一流ロースクールを優秀な成績で卒業した若者たちが就く仕事である）のように創意と工夫をもって裁判官とともに

新たな判例を創造していくという役割とは、かなり異なっていた（なお、以下、本書では、アメリカ等海外の司法制度に言及することが多いが、それは、主として裁判官制度や裁判官のあり方を比較するという趣旨からであって、決して、海外の制度のほうが日本のそれより先験的にすぐれているといった趣旨によるものではない）。

事務総局局付についても、最高裁判所調査官についても、出世コースとしての「エリート裁判官」というイメージがあるが、それはおそらく皮相なレッテルであり、その実態は、私が記したようなものなのである。私が、もうこのような組織で上層部までいこうとは考えまいと思ったのは、二回の最高裁判所勤務経験を経てのことであった。

最高裁判所調査官時代についても、一つ鮮明な記憶がある。

最高裁判所の裁判官と調査官の合同昼食会の席上、あるテーブルの最高裁判事が、突然大きな声を上げた。

「実は、俺の家の押入にはブルーパージ関係の資料が山とあるんだ。一つの押入いっぱいさ。どうやって処分しようかなあ？」

すると、「俺も」、「俺もだ」とほかの二人の最高裁判事からも声が上がった。

この時も、事務総局における会議の席の場合と同様に、しばらくの間、昼食会の会場が静まりかえったことを記憶している。

多数の調査官と、おそらくは裁判官出身以外の最高裁判事の多くも、こうした半ば公の席上で、六人の裁判官出身判事のうち半分の三人もが、恥ずかしげもなく、むしろ自慢気に前記のような発言を行ったことにショックを受けていた。

ブルーパージとは、青年法律家協会裁判官部会、いわゆる青法協裁判官、左翼系裁判官に対する、再任拒否まで含めたさまざまな不利益取扱いや、人事の餌で釣っての青法協からの脱会工作を意味する。転向した裁判官の中には、私の知る限り、極端な体制派になった人物も多い。日本の左翼によくある端から端への転向の典型的な形の一つである（なお、ブルーパージという言葉は、戦後のアメリカで反共ヒステリーから起こったレッドパージ、赤狩り〔実際には多数の自由主義者、リベラルまでがターゲットにされた〕をもじったものであろう。「青法協」の「青」をとってブルーパージということである）。

ところで、なぜ昼食会の出席者たちはショックを受けたのだろうか？

ブルーパージは、いわば、最高裁判所司法行政の歴史における恥部の一つ、その代表的なものであり、常識的には、それについてこうした合同昼食会の席上で大声で自慢気に語りうるようなものとはおよそ考えられない事柄だからである。しかし、当の裁判官たちは、そのことに気付いてすらいなかったように思われる。

当時のキャリアシステム出身最高裁判事の少なくとも半分が前記のような行為に深く関

わっていたことを示す事実であり、おそらくは、その行為が、彼らが最高裁判事に取り立てられた重要な「実績」でもあったに違いない。なお、「少なくとも」というのは、ブルーパージに関わってはいたが、さすがに人前で声を上げることは差し控えた人もいる可能性が高いからである。

なお、キャリアシステムというのは、司法試験に合格した若者が司法修習を経てそのまま裁判官になる官僚裁判官システムを意味し、相当の期間弁護士等の法律家経験を積んだ者から裁判官が選任される法曹一元制度に対置される。キャリアシステムはドイツ、フランスなどの大陸法系諸国起源の制度であり、法曹一元制度はアメリカ、イギリスなどの英米法系諸国起源の制度である。私は、この書物で種々の観点から論じるとおり、日本のキャリアシステムには問題が多く、ことに近年はその劣化と荒廃が進んでいることをも考慮すると、司法を再生し、さらに、国民、市民のための裁判、当事者のことを第一に考える裁判を実現していくためには、法曹一元制度の実現が不可避ではないかと考えている（なお、キャリアシステムという言葉は、広い意味では、公務を生涯の職業として保障する制度一般を指すが、本書では、もっぱら裁判官制度に特化した前記のような意味で用いる）。

ともあれ、私は、先に触れたとおり、身体をこわした。診断は神経症を伴ううつということであった。主観的な症状はかなり重かったのだが、最高裁を出ることを前提に入院してみると、数週間でうそのように回復してしまった。

判事になったころから始めた関根牧彦という筆名による執筆（筆名を用いたのは、裁判官として書くことが可能な文章とは異なった、その立場にとらわれないものが書いてみたかったことによる）に続いて本格化していった私の研究については、民事保全法に関する論文の執筆、コンメンタール（逐条解説書）の編著の後、それらの集大成として二〇〇一年に『民事保全法』を出版したのが最初の単著である（日本評論社から新訂版〔第四版〕を二〇一四年に刊行の予定）。この体系書は、この分野では最も広く使われており、弁護士等にも高く評価されている書物といってよいと思う。また、千葉地裁在籍中、一九九九年には日本民事訴訟法学会で、二〇〇一年には日本家族〈社会と法〉学会で、それぞれ報告を行っている。これらの報告は、事実上は、上層部の推挙、指名を受けて行ったものである。その内容と質が問われる学会報告については、さすがに事務総局のスポークスマンではまずいらしい。しかし、もしも現在であれば、たとえ私が裁判所にとどまっていたとしても、もはや指名されることはなかったと思う。二〇〇〇年代以降に、裁判所、裁判官集団の官僚化が急速に進行したからである。

私の筆名の書物については、一枚岩の裁判所組織、精神的自己規制によってみずからを深く抑圧している裁判官たちの間で反感や嫉妬を買うという楽しくない副作用も伴い、上層部の裁判官の中には、「裁判官は仕事と関係のない文章など書くべきではない」と、面と向かって私を非難した人物さえいた。そして、研究についても、一九九九年の法律家の精神衛生(実際にはむしろ裁判官の精神構造)に関する論文と二〇〇一年の口頭弁論充実型訴訟運営という新たな審理方法を提案した論文において、大きな不協和音を聞くことになった。裁判官の精神衛生、精神構造を論じるなどというのはもちろん裁判所組織においては許されないタブーであったし、審理方法の提案についても、事務総局民事局が推奨している弁論準備手続という一種の密室審理方式に反するものであったために、上層部のみならず、事務総局のいうことには一も二もなく従うのが習い性《せい》となっている裁判官たちからも、何かにつけて攻撃されたのである。なお、民事局がこのような審理のあり方に固執する傾向の理由は明らかではないが、裁判官が法廷以外の場所で当事者から融通無碍《ゆうずうむげ》に情報を採ることのできる方式により事件の早期処理を図りうることのメリットが、最も考えやすいものであろう。

それでも、まだ、このころには、上層部にも、私の理解者がいくらかは存在した。

さらに研究に打ち込む

私の中で、研究、教育の仕事に移りたいという気持ちが急速に強くなっていったのは、二〇〇〇年前後からである。

二〇〇〇年代の前半にその原稿を執筆した実務の体系的、理論的解明の書物である『民事訴訟実務と制度の焦点――実務家、研究者、法科大学院生と市民のために』（判例タイムズ社、二〇〇六年。なお、この書物を含め、私の主要専門書については、今後逐次書名を変えた改訂版の復刊を考えている）の後半の内容は、裁判所制度をも含めた司法制度論であった。

元来、裁判所当局は、事務総局の御用論文的なものを除けば、裁判官の研究も執筆も好まない。形式論理による条文解釈であればまだしも、法律論であってもオリジナリティーを打ち出すようなものは御法度《ごはっと》であり、ましてや、当局による裁判官支配・統制のシステムに何らかの意味で触れる可能性、一般の関心を呼び起こす可能性のある制度論、すなわち、司法制度、法曹制度の仕組みやあり方に関する分析や議論は、問題外である。前記の二論文、ことに法律家の精神衛生論が被った非難からも明らかなように、元々裁判所ではタブー視されている制度論を、周囲の状況が徐々に厳しくなってくる中で著すには、それを基本的には肯定しつつその改善策を説くことが限度であり、大きな制約が伴った。少なくとも制度論に関する限り、たとえていうなら、精神的な意味における共産主義社会の中で執筆しているのに近い部分があった。もっとも、私も、その原稿を書いていた時点では、まだ、裁判官集団がもっていたはずの基本的なモラルと職業意識に、また、行われつつある司法制度改革による裁判所・裁判官制度の改善について、希望をつないでいたことも事実である。

しかし、後に記すとおり、裁判所当局は、司法制度改革の動きを無効化するのみならず、それを逆手にとって悪用し、その結果、裁判所と裁判官集団は、今世紀に入ってから、徐々に、しかし目にみえて悪くなっていった。ことに、平均的な裁判官、中間層のあり方がなし崩しに変化、悪化していったことは、私にとって大きなショックだった。

日本の裁判官が、実際にはその本質において裁判官というよりも官僚、役人でありながら、行政官僚よりは信頼されてきた大きな理由は、平均的な裁判官、中間層が、たとえ保守的であり、考え方や視野は狭くとも、少なくとも、日々誠実にこつこつと仕事をし、たとえば行政訴訟や憲法訴訟といった類型の事件を除いた日常的な事件に関する限りは、当事者の言い分にもそれなりに耳を傾けてきたからである。つまり、職人タイプの裁判官が日本の裁判の質を支えていたわけである。しかし、上層部の劣化、腐敗（その詳細については後に論じる）に伴い、そのような中間層も、疲労し、やる気を失い、あからさまな事大主義、事なかれ主義に陥っていったのである。

現在の裁判所の状況は、いわば、官僚、役人タイプが、かつての多数派であった職人タイプを圧倒し、駆逐した状況にあるといってよい。言葉を換えれば、多数派、中間層の官僚化・役人化傾向が著しい。元々ごくわずかではあったがそれでも常に一定数存在していた学者タイプもほぼ跡を絶ち、少なくとも、私より後の世代では、学界にまで広く認められているような人はほとんどいない。

そうした中、二〇〇〇年代の後半に執筆した『民事訴訟の本質と諸相——市民のための裁判をめざして』（日本評論社、二〇一三年）の原稿は、到底裁判官を続けながら発表できるものではなく、初稿完成後も、制度論、制度批判の部分を中心に記述を補い推敲を重ねながら学者転身の日を待つことになった。その内容は私の研究の総論であり、その形式は、この書物同様、研究と筆名の執筆という二つの流れが融合した位置にある。内容はもちろん、そのような斬新なスタイルそのものが、現在の裁判所においてタブーとされるものであることは火を見るよりも明らかであった。私は、裁判官のままでも出版が可能なケースブック（実際の判決を用いた学習教育書のこと。このケースブックは、私自身の判決にみずから解説を施したものである）、論文集、これまでの書物に基づく三冊の入門書を出しながら、前記の原稿をじっと抱えて、それが発表できる日を待っていた。

学者への転身

私の研究は、裁判官や弁護士にとどまらず、書物、論文や二回の学会報告等を通じ、民事訴訟法を始めとする民事法領域の学者にもかなり広く知られていき、その結果、大学の勧誘をいくつか受けることになった。

裁判官時代に大学からいただいたお話は三つ、最初のものが二〇〇二年ころ、二つ目が二〇〇五年ころ、最後が二〇一一年、順に、公立、国立、私立で、最後が明治大学であるが、公立、国立も評価の高い有力大学であり、いずれも法科大学院ないし法学部における民事訴訟法の専任教授のお話であった。

最初のときは、まだ、裁判官なら一度は経験してみたいと考える東京地裁の裁判長をやっていなかったこともあり、裁判官を続けたいという気持ちのほうが強くて早めにお断りしたが、国立大学のときは、本当をいえば受けたかった。二つの住居を構える半単身赴任生活の不便とそれに伴うかなりの出費という問題がなかったなら、収入の低下という障害があったとしても、即座にお受けしていたと思う。二つの勧誘の間の三年間に、私の気持ちは大きく変化していたことになる。

二〇一一年秋の明治大学のお話は、さまざまな意味で渡りに舟だったが、法科大学院の学生数減少という最近の状況を考えると、ぎりぎりで間に合ったというところだったのではないかと思う。

私が裁判官をやめた理由、学者に転身した理由としては、まず第一に、研究、教育、執筆に専念したい、人にはできない代替性のない仕事をしたいという気持ちが非常に強くなっていたことがある。前記のとおり、元々私は、その資質からすれば学者向きだったので、これはきわめて自然なことである。

しかし、第二に、消極的な理由として、裁判所にも、裁判官のマジョリティーにも、ほとほと愛想が尽きたということもある。はっきりいって、顔も見たくないというタイプが少しずつ増えてきていた。

そういう状況の中で、私は、二〇〇〇年代の後半に、再び体調を崩した。今回については、前回と異なり、その原因はあまりにも明らかだった。いやな思いをしながら裁判官生活を続けることへの拒絶反応、そして、深夜と週末の研究による過労である。私は、回復した後にも、本当の意味で精神的な健康を取り戻し、生き生きした人生を送るためには、もはや転身を考えるほかないと考えるようになっていた。

実際、裁判官時代最後の七、八年間、そこにおける私の立場は、共産主義社会にあってじっと亡命の機会を待ち続けている知識人のそれに類するものであったか、少なくともそれに限りなく近付きつつあり、私は、常に、少しずつ小さくなってくる流氷の上に乗って漂っている人のような心細さを感じながら、日々を過ごしていた。

転身に関するいやがらせと早期退官の事実上の強要

裁判官時代最後の象徴的なエピソードは、二〇一二年初めの事件である。

私の明治大学就任が決まった後に、裁判所は、何を行ったであろうか？

まず、事務総局人事局は、地裁所長を通じて、私に対し、承認があるまで、退官の事実も、大学に移るという事実も、口外してはならないと告げてきた。時期の決まった依願退官、それも大学に移る前提での退官の事実を口外してはならないなどというのは全く前代未聞であり、明らかないやがらせのように思われた。これについては、後になって、最高裁の裁判官会議における承認があるまでという趣旨であることが告げられたが、なぜ私の退官に限ってそのような形式的な承認の時点まで極秘にしておかなければならない必要があるのかについては、依然として全く説明がなかった。また、この時点以降、地裁における職員のトップである事務局長（裁判官である高裁事務局長とは異なり裁判所の職員であり事務方であって、何らの決定権ももっていない）が、私に対して非常に無礼かつ官僚的、形式的な態度で接するようになったが、これは、所長が私に関する何らかの示唆をこの人間に与えなければ、絶対にありえないことである。

しかし、真に驚くべきことはその後で起こった。

一月三〇日の一二時に、所長は、その朝私が提出していた大学講義の準備のための年次有給休暇の承認願いについて、日にちが多過ぎると言い、一度引っ込めろと言った。私は、やむなく、そのことには同意した。

ところが、その後、所長は、私に対して、そんなに有給休暇を取るなら早くやめたらどうだと言い始め、その後、私が所長室を出るまでの間、同じことを、表現を変えながら、繰り返し、執拗に言いつのったのである。言葉自体は、逃げ道を残したあいまいな言い回しであったが、その目は完全に据わっており、声には激しい怒気がこもっていた。要するに、早期退官の事実上の強要であった。

そして、三月一五日と二二日に事件の弁論を入れるからという私の言葉に対して、所長は、そんな弁論はほかの人にやらせるからかまわないとも答えた。

有給休暇を取るなら早くやめろというのは、労働法の基本的原則違反の言葉であるのみならず、私に裁判をしないでやめろとも言っているわけであるから、裁判官の身分保障（日本国憲法第七八条）の趣旨にももとる行為である。

私は、予定通り三月末に退官したいとだけ所長に告げて執務室に戻った。机に座り、しばし呆然とした後時計に目をやると、一二時二五分であった。所長室は私の執務室から近いから、私は、二五分近くも所長室にとどめられて押し問答をしていたことになる。

そして、その日の四時半ころ、私は、再度所長室に呼び出された。

所長は、さらに、考えを変える気はないのか、判事で退官前にそんなに有給休暇を取る人はまれであると思うが、本当にそれでもいいのかと、あたかも、私が、非常識な、あるいは裁判官の体面に関わる行為でもしているかのように、私に尋ねた。私は、申請していた休暇のうち、午後半日のものはもう提出するつもりはないと告げた。しかし、所長の態度は何ら変わらなかった。私は、自分の意向は変わらない、三月中の法廷は事件を知っている私が担当するほうがよいと思うとだけ告げて、席を蹴り、所長室のドアを後ろ手に閉めて自室に戻った。

なお、前記の所長の言葉のうち「判事で退官前にそんなに有給休暇を取る人はまれである」というのは正しくない。実際には、退官前にまとまった有給休暇を取得する人は結構おり、一〇年間に一回取得できることになっている一〇日以上連続の有給休暇（海外旅行に利用されることが多い）を取得する人もいると、後から先輩に聴いた。

結局、私が退官の事実を裁判所部内の人間になら告げてもよいと言われたのは、二月一七日のことだった。そして、先の所長は、私の退官を待たずに、他の裁判所に異動していった。

さて、この所長はなぜこのような愚かな行為を行ったのだろうか？　不思議に思う人も多いだろう。

私も不思議に思うのだが、あえて推理してみたところはこうである。

まず、この所長は、それまでの事務総局人事局とのやりとりから私が何らかの意味でマークされている裁判官だと思っていたようであり、過去に例のない退官口止めの事実から、そのことを確信したのではないだろうか。

そして、そのような私の有給休暇取得の申請をそのまま受理するとみずからの消極評価につながると考えたのではないだろうか。そのために、事務総局に迎合するつもりで、前記のような愚かな行為に出たのではないだろうか。

もちろん、以上は単なる推測であり、真相はわからない。

私がいいたいのは、今日、この所長の行為は、おそらく、何ら特別なものではないだろうということである。

自然科学の基本法則の一つに、ある人物が経験した事象は、統計的な正規分布の中心付近（最多の付近）にある可能性が最も高いというものがある。私のように一定の実績とキャリアと司法行政に関する知識を有する裁判官に対して、しかもこれから大学に移ることが確定している人間に対して、このような愚かな行為を、大胆に、恥ずかしげもなく行う所長が存在するということは、すなわち、全国各地の裁判所に、これに類した行為を行う所長が多数存在しうるということであり、また、多くの裁判官、ことに若手裁判官はそれに届している可能性が高いということである。

しかし、裁判所当局は、私がこの事実をここで公表しても、それが何らかの形で大きく取り上げられたりするようなことがない限り、その後高裁長官になっているこの人物について、部内における何らの調査も行わず、頬被《ほおかぶ》りを決め込む可能性がきわめて高いと私は考えている。

現在の裁判所はもうそういうところまで落ちてしまっていること、そして、それは、私が点でつないできたいくつかの事実を構成要素とする大きな流れの延長線上に存在する、その意味では必然的な事態であるということを、読者の方々には、御理解いただきたいのである。

私がたどった軌跡の意味

判事補時代の最後のころに、後に最高裁判事になられた、そして、私の知る限り最もすぐれた最高裁判事であった大野正男弁護士から、次のような言葉を聴いたことがある。

「瀬木君ね。司法は小さいと思うでしょう？　全体として、小さな、狭い世界ですよ。でもね、そうはいっても、今の日本で、情実や力に関係なく、物事の理非で決着がつけられる世界は、もしかしたらここしかないかもしれないんですよ」

はしがきに記した「大きな正義とささやかな正義」に通じる言葉だが、日本の司法においてそれが実現される余地は残念ながら徐々に小さくなりつつあるのではないかというのが、私の率直な感想である。

かつて、倉田卓次という有名な学者裁判官がいた。私より三〇年余り年上で、思弁的SM小説『家畜人ヤプー』の著者ではないかということで一時一般的にも話題になった方である（もっとも、御本人は否定されている）。この方も、晩年に、「判決も論文も私的な文章も書けるという後輩は三〇年ぶりです。がんばって下さい」といった内容の、私を励ます手紙とメールをいくつも下さった。『対話としての読書』（判例タイムズ社、二〇〇三年）という書物に収めた私の文章のいくつか、また、創作『映画館の妖精』（騒人社、一九九八年）を高く評価して下さったことを懐かしく記憶している。

この方は、もちろんその本質においては繊細であったと思うが、外面的には、きわめて個性的、積極的、豪快で、一見するとおとなしそうにみえる私などとは違って、議論も論争も派手にやった。当然、裁判官の中には、彼をきらう人や嫉妬する人も多かった。

それでも、倉田さんは、六一歳で身体をこわして公証人となるまで、みずからの意思で裁判官を続けた。エッセイを読むと、色々不快なこともあったようだが、裁判官という職業には最後まで満足されていたように思われる。

しかし、その三〇年後、外からみれば倉田さんよりははるかに普通の裁判官にみえたに違いない、また、研究、執筆についてはかなり先鋭であっても、裁判実務においてはおおむね良識派のレヴェルを守っていた私は、裁判所、裁判官に絶望し、四〇代の終わりから転身を考えざるをえなかった。

正直にいえば、アメリカの裁判官であればまだしも、日本のヒエラルキー的官僚組織において官僚裁判官を務めるのは、学者肌の私には、元々無理があったのかもしれないと思う。私が徐々に研究、執筆に打ち込むようになった経緯と、私が徐々に組織から締め出されていった経緯とは、明らかに照応しているからである。

しかし、一方、裁判所が少しずつ悪くなっていったという時代の流れもまた、否定できないように思われる。

キャリアシステムの中で育ち、かつてはそれに一定の愛着をも抱いていた私が、本書で論じるとおり、法曹一元制度をできる限り早期に実現するための基盤作りに着手すべきだと考えを変えるに至った一番の理由は、もはや、現在の裁判所に、ピラミッド型のキャリアシステムに、そして、それに馴《な》れ切ってしまった多数派の裁判官たちに、制度の自浄作用を期待することは到底無理ではないかという現実認識による。

第2章

最高裁判事の隠された素顔

――表の顔と裏の顔を巧みに使い分ける権謀術数《じゅつすう》の策士《マキャヴェリアン》たち

たい。

裁判所における人事の実情

この章では、まず、キャリアシステムにおける上層部人事の実情について分析しておきたい。

良識派は上にはいけないというのは官僚組織、あるいは組織一般の常かもしれない。しかし、企業であれば、上層部があまりに腐敗すれば業績に響くから、一定の自浄作用がはたらく。ところが、官僚組織にはこの自浄作用が期待できず、劣化、腐敗はとどまるところを知らないということになりやすい。だからこそ、裁判所のような、国民、市民の権利に直接に関わる機関については、こうした組織の問題をよく監視しておかなければならないのである。また、だからこそ、裁判所の官僚組織からの脱却、人事の客観化と透明化、そして法曹一元制度への移行が必要なのである。

私が若かったころには、裁判官の間には、まだ、「生涯一裁判官」の気概があり、そのような裁判官を尊敬する気風も、ある程度は存在したように思う。

また、裁判官の中の最多の部分、中間層には、少なくともていねいに、誠実に仕事をするという長所があったと思う。

さらに、裁判官の中には、確かに、品性のある、紳士の名に値するような人物もかなり存在したと思う。

しかし、二〇〇〇年代以降の裁判所の流れは、そのような気概や気風をもほぼ一掃してしまったように感じられる。

現在、マジョリティーの裁判官が行っているのは、裁判というよりは、「事件」の「処理」である。また、彼ら自身、裁判官というよりは、むしろ、「裁判を行っている官僚、役人」、「法服を着た役人」というほうがその本質にずっと近い。

「先月は和解で一二件も落とした」、「今月の新件の最低三割は和解で落とさないときつい」などといった裁判官の日常的な言動に端的に現れているように、当事者の名前も顔も個性も、その願いも思いも悲しみも、彼らの念頭にはない。当事者の名前などは、はしがきにも記したとおり、訴訟記録や手控えの片隅に記された一つの「記号」にすぎず、問題なのは、事件処理の数とスピードだけなのである。

そのような裁判官の姿勢から、第4章で詳しく論じるところの、困難な法律判断の回避や和解の強要といった日本の民事裁判特有の問題、あるいは、令状、ことに勾留状の甘過ぎる発布や検察官追随姿勢が生み出す冤罪等の日本の刑事裁判特有の問題が生じてくるのは、あまりにも当然の結果である。

「太平洋戦争になだれ込んでいったときの日本について、数年のうちにリベラルな人々が何となく姿を消していき、全体としてみるみるうちに腐っていったという話を聞きます。国レヴェルでもそうなのですから、裁判所という組織が全体として腐っていくのは、よりありうることだろうと思います」

というある学者のコメントが、二〇〇〇年代以降の裁判所の状況を的確に表現しているように思われる。

現在の人事の状況についてある程度具体的に論じてみたい（なお、裁判官のヒエラルキーの詳細については、第3章の冒頭で論じているので、必要があれば参照していただきたい）。

まず、多少なりとも個性的な裁判官、自分の考え方をもちそれを主張する裁判官、研究を行っている裁判官は、高裁長官にはなれない（高裁長官は全国に八名。最高裁判事に次ぐポストである）。たとえ、上昇志向が強く、大筋では裁判所組織の要請に従い、むしろそれを主導してきたような人物であってさえもである。具体的な人選をみていると、そのことが非常によくわかる。

判決や論文等でそれなりの（つまり、最高裁が暗黙の内に公認している方向とは異なった）意見を表明してきたような人物であると、それ以前に、たとえば所長になるのが同期のほかの人間より何年も遅れ、一つの期について相当数存在する所長候補者の間で最後に回される、あるいは所長候補者から外されるなどの形で不利益を被ることになる。

また、同等のレヴェルのポストにある人物について露骨に差を付けるといった、過去にはあまりみられなかった不自然な人事もある。私のよく知っているある期（前記のとおり、司法研修所修了の「期」）の東京地裁民事と刑事の所長代行に関する人事を例にして説明しよう。一方は裁判官としての実績があり弁護士からもかなり評価されている人物、一方は追随姿勢で取り立てられた中身に乏しい人物であった。ところが、最高裁判所事務総局に対しても自分なりの意見を述べていた前者が遠方の所長に、後者が東京近辺の所長に、それぞれ異動になったのである。この人事については、民事訴訟法学者の間からさえ奇妙だという声が聞かれた。これは一種の見せしめ人事なのであるが、「事務総局の方針に意見など述べず黙って服従しないとこうなるぞ」という脅しの効果は絶大である。なお、「事務総局に逆らうと」といったレヴェルの問題ではないことに注意していただきたい。先の人物も、ただ、「自分の意見を述べた」だけであり、ことさらに逆らってなどいない。

私は、第3章で論じるとおり、現在の裁判所は一種の柔構造全体主義体制、日本列島に点々と散らばる「精神的な収容所群島」（なお、『収容所群島』は、旧ソ連の作家ソルジェニーツィンによる、強制収容所に関するドキュメント、ノンフィクションのタイトル）となっていると考えるが、その一つの現れがこうした事態である。自由主義、個人主義、個人の意見、創造的な研究、飾り物の域を超える教養、もっといえば、事務総局に対して単に意見を述べること、「そうした事柄自体がけしからん。そういう奴らが憎い」というところまで落ちてしまっているのである。

それでは、裁判所における上層部人事のあり方全般はどうであったか？

私の知る限り、やはり、良識派は、ほとんどが地家裁所長、高裁裁判長止まりであり、高裁長官になる人はごくわずか、絶対に事務総長にはならない（最高裁判所事務総局のトップであるこのポストは、最高裁長官の言うことなら何でも聴く、その靴の裏でも舐《な》めるといった骨の髄からの司法官僚、役人でなければ、到底務まらない）し、最高裁判事になる人は稀有、ということで間違いがないと思う。

そんなことはないだろうと思う方は、もしも弁護士や学者のように裁判官の知り合いがいる人であれば、自分の一番信頼している裁判官や元裁判官を選んで、「本当のところどうなんですか？　私を信頼して教えて下さいませんか？」と尋ねてみるといい。大筋同様の答えが返ってくるのではないかと思う。

最高裁判事の性格類型別分析

それでは、キャリアシステムにおいて裁判官から最高裁判事になっている人々（通常六名、現在は学者を経た後記の女性判事がいるので七名であるが、これは変則である）は、どのような人物なのだろうか？

このようなことは過去にあまり論じられたことがないと思うが、最高裁判事は、大臣同様公人中の公人である以上、さまざまな意見や評価を受けることは本来当然であり、むしろ民主制の下ではそれがあるべき姿であろう（大臣などはきわめて厳しい分析や批評を受けるのが普通である）し、また、そのようなことを論じるために必要な知識、情報をもった学者は私以外まずいないと思うので、あえて論じておきたい。

おおまかに四つの性格類型に分類できると思う。

A類型　人間としての味わい、ふくらみや翳《かげ》りをも含めたそうした個性豊かな人物　五％

私が直接、間接に人柄を知っている三〇人の中では一人だけであり、本当は五％に満たないのだが、あまり細かくしても仕方がないので、とりあえず五％としておく。

この方は、事務総局系の裁判官ではない。何事に対しても一定の見識と意見をもっていたし、人間的な温かみもあった。「最高裁調査官に本来決裁制度など作るべきではない。判事と調査官が二人でよく話し合ってベターな結論を探っていけばよいことだ」、「私は裁判官出身の最高裁判事であり、公人中の公人なのだから、自分の意見は判決の中でだけ述べたい。そこに残らず表したい」などが私の聴いた彼の言葉である。

もっとも、この判事についても、「あの人は見かけは温厚そうだが策士的なところがある。また、失敗をした部下に対して非常に厳しい処遇をすることがあった」という評価をする裁判官もいた。

私は、この評価にも当たっている部分があると思う。しかし、実務の世界はきれいごとだけではすまず、はっきりいえば泥まみれの戦場のような部分もあるし、一定の妥協も必要である。そのような側面がなければ、事務総局系でもない人物が最高裁判事になれるわけがないのだ。また、この方は、そのことを全く自覚していなかったわけではないと思う。つまり、「痛み」を知っていたと思う。

B類型　イヴァン・イリイチタイプ　四五％

イヴァン・イリイチとは、第5章で詳しく論じるトルストイの短編、『イヴァン・イリイチの死』の主人公であり、帝政ロシアにおける官僚裁判官である。イヴァン・イリイチタイプは、一言でいえば、成功しており、頭がよく、しかしながら価値観や人生観は本当は借り物という人々である。その共通の特質は、たとえば、善意の、無意識的な、自己満足と慢心、少し強い言葉を使えば、スマートで切れ目のない自己欺瞞の体系といったものである。

こう書くと、あまりよい人物とは思えないかもしれない。しかし、官僚、役人とはおおむねこのようなものであることが多く、イヴァン・イリイチタイプは、官僚の中ではかなり上質の類型なのである。旧大蔵官僚、行政官僚を代表するエリートが、ノーパンしゃぶしゃぶという不思議な名称の風俗店で接待を受けていた事件を思い出していただきたい。イヴァン・イリイチタイプは、そのような接待を受けたりするほど脇が甘くはない。つまり、官僚、役人に望みうる中ではかなり高いほうの類型なのである。だからこそ、トルストイがみずからの重要な作品の主人公に選びもするのだ。

このタイプは、頭は切れるし、人当たりもよいから、かなりの人間がコロッとだまされる。すばらしい、まさに最高裁判事にふさわしい人物じゃないか、と取り巻きには、また、弁護士や新聞記者でも考えの浅い人たちには思わせることができる。そういう技量にはきわめて長けている。また、形式論理にとどまる法律論であれば、それなりに整って受けのよいものを書くこともできる。

しかし、心ある裁判官の間ではあまり尊敬されていないし、同期に友人らしい友人もいない。教養は借り物、お飾りにすぎないから、本当にそれがわかる相手の前ではすぐにメッキがはがれる。こうしたタイプの人々の微笑には、人間の血の温かさ、重みといったものが感じられない。時には見栄えのする意見を書くかもしれないが、その本質はエゴイストである。

このタイプの人々に、イヴァン・イリイチ同様病気で早死にする人がままみられるのは、トルストイの天才としての直感を示すものだと思う（昼日中から執務室でアルコールが手放せなくなってしまった最高裁判事もいた）。このタイプの人々には、体面だけではなく、良心もある。その良心は、これらの人々の、出世のためのいじましい、また、醜い行動を、背後からじっと見詰め続けている。物言わぬ良心のその視線は、おそらく痛いものであるはずだ。このタイプの裁判官に、ヒエラルキーを昇り詰める以前にキャリアの半ばで挫折する人やいたましい自殺者が出ることがあるのも、同様の理由によるものと思う。

なお、B類型の人々の中には、もしかしたらA類型に含めてもよいかもしれない、そういう側面もある、という人物がわずかながら存在するので、A類型を若干増やし、B類型をその分削ることも、あるいは考えられるかもしれない。しかし、A類型は、どんなに多くても、六〜七％止まりではないかと思う。

C類型　俗物、純粋出世主義者　四〇％

あまり口汚くしたくないので詳しくは書かないが、たとえば、第1章で触れた三人の最高裁判事などはこのタイプであろう。ブルーパージについて自慢気に吹聴し、ほかの人間たちの当惑にも気付かない「豪傑ぶり」は、テレビドラマや青年漫画誌に登場すれば、「大物」としてそれなりに観客や読者を引き付けるところがあるのかもしれない。

前記矢口洪一長官の腹心の部下の一人が、高裁における最高裁判事就任送別パーティーの席上で、「俺は、若いころには、夕方ビール小瓶一本飲むのだけが楽しみで生きていたんだけど、こうして最高裁に入れることになってうれしい」という挨拶をした後、一人の裁判長が、「さすがは高裁長官。最高裁判事にもなろうという人が、ビール小瓶一本の、小さな小さなお話を、長官送別会の御挨拶でなさるとは。いやいや、実に庶民の心を忘れないお方だ」というお返しの言葉を述べた。この言葉には刺すような皮肉と悪意がこもっていたのだが、相手は全くそれに気付かなかったという。

まあ、そういう種類の人々である（C類型の判事たちには、もちろん、もっと醜悪な、目を背けたくなるような側面も多々あるが、読者の御想像に任せたい）。

D類型　分類不能型あるいは「怪物」？　一〇％

あまりに特異で、前記のどの類型にも収まらない人々である。三人が挙げられる。

たとえば、その人の執務室は常にしんと静まりかえっていて物音一つせず、事務総局の課長時代には、赴任してきた元気のいい裁判所書記官が程なく連日微熱が引かない半病人状態になり、ほうほうの体で地裁に逃げ帰っていったという、そんな逸話がいくつもある人物。私もこの方と話したことがあるのだが、感情というものがほんのかけらほども感じられなかった。

また、事務総局の課長時代には、判事補たちを前にした公の席で、特別な理由もなく、「やめたい人はいつでもやめてもらってかまわない。やめたいという人を所長が慰留する必要など全くない」といった言葉を吐き、倒れていった裁判官のことなどもことさらに冷ややかに語って、居並ぶ若者たちの心胆を寒からしめるとともに反発をも買い（裁判官に関する憲法上の身分保障との関係もあるため、裁判官が公の席上でこうした発言をすることは、さすがに珍しい）、局長時代にも、いくらか先輩に当たる裁判官に対して、通常局長たちがとるような慇懃《いんぎん》無礼な態度ではなく、あたかも明らかに目下の者に対するような態度と口調で命令していた、そのような、事務総局系エリートの典型と目されていた人物が、最高裁判事に就任するや一転して民主派となり、いくつもの立派な意見を物したという例もある。

転向や考え方の変化は誰にでもありうる。また、そのことに自覚的でありさえすれば、必ずしも責められるべきことではない。しかし、この人の場合には、その変化が、あまりにも極端なものに感じられたことは否めない。

軍閥の領袖《りょうしゅう》が民主制の大統領になり、強制収容所の所長が平和主義者になる、たとえばそうした極端な変化は、常人には無理である。一人の人物がそういう二面性を自分の内に抱え込もうとすれば、人格が崩壊してしまうであろう。対照的な二面性を内に抱えつつそれに堪えうるところが、怪物たるゆえんである。

さらに、司法行政を通じて裁判官支配、統制を徹底し、「もはや無人の野を行くがごとし」と評され、「ミスター司法行政」という異名をとった矢口洪一最高裁長官も、前記のどの類型にも当てはまらず、その意味では、D類型に分類するほかない人物であろう。

私は、最高裁で行われたあるパーティーの席で、一度だけ、矢口長官と話をしたことがある。ふと気が付くと、一七五・五センチメートルの私よりもかなり長身の長官が前に立っていて、両脇の人々がさっと引いてしまったために、言葉を交わさざるをえなくなった。

「君は、民事局の局付だそうだな」

「はい、そうです」

「そうか。……しかしな、俺からみれば、局付なんていっても、何者でもない」

「はあ、……そうなのでしょうね」

というところで幸い先方が向こうに行ってしまったので、ほとんど会話ともいえない内容なのだが、ある意味、この短くかつ一方的な会話にも、矢口さんの本質はよく現れているという気がする。

矢口氏については、実はリベラルな側面や先進的な側面もあったなど肯定的に評価する意見も存在する。しかし、私は、彼の行ったこと、言ったこと、人としてのあり方を総合的にみるなら、そのような評価をすることは難しいと思う。また、司法や社会に関する彼のヴィジョン、あるいは人間観についても、基本的には、ゆがんだ部分が大きかったことは否定しにくいのではないかと考えている。

よい裁判官は最高裁には入れない？

最高裁判事の性格類型については以上のとおりである。付け加えるならば、学者になって既にほぼ二年、現在の私には、裁判官出身の最高裁判事に対する特別な感情などない。基本的には遠い人々であり、名簿を繰りながら、できる限り客観的な分析を行ったつもりである。

もっとも、前記のとおり、四つの類型に属する人々の割合については、多少流動的であると思う。しかし、AとDが若干名、後はBとCがほぼ拮抗という図式自体は、おおむね正しいのではないかと考える。

なお、最高裁判事の能力は、特別な関係や理由によって取り立てられたような人を除けば確かに一般的には高いが、事務総局系の人々の中には、裁判官としての一般的な能力が必ずしも十分でない人がいる可能性はある。たとえば、事務総局在籍期間がきわめて長かったある人物について、私は、次のような言葉を聞いたことがある。彼にむしろ好意的だった人の評なので、間違いはないと思う。

「○○さんの判決は短かったと人は言うが、実際には、むしろ、判決はあまり書けなかったというほうが正しいね。私はあの人の下書きを見たことがあるが、お世辞にもほめられたものではなかったよ」

さて、それにしても、たとえば保守的な法律家の中には、私の分析には秘められた悪意が感じられるという人がいるかもしれない。

しかし、こういうことも考えてみてほしい。

第一に、裁判官には知的能力なら相当に高い人間は一定程度の割合で存在し、最高裁判事になった人々の能力が決定的に高いとは必ずしもいえないこと、第二に、キャリアシステムの中で最高裁判事になる人々は、ごくわずかな例外を除き、多かれ少なかれ、他人を踏み付け、なりふり構わず上をめざすことでのし上がってきた人々であり、裁判官本来のあるべき姿からは遠い行いをしてきた例が多いこと、第三に、彼らも最高裁判事になってからはそれなりに「よい判決」を書き、あるいは「体裁のいい意見」を書くかもしれないが（ことにB類型、D類型の人々）、彼らよりもその地位にふさわしい人々がいる場合も多く、また、その人たちが最高裁判事になっていたらもっとよい判決が下されたであろう可能性が高いことである。

私が接した最高裁判事の中で最も尊敬できたのは弁護士出身の前記大野正男氏だった。大野さんのことは今でも懐かしく思い出すし、可能ならもう一度会ってお話がしたいなとも思う。

しかし、裁判官出身の最高裁判事で、わずかにでもそのような感情を抱かせる人物は稀有である。

近年の最高裁判決は民主的になってきているという評価もある。しかし、私はそうは思わない。第4章でも論じるとおり、社会が変化しているほど最高裁判例は変化しておらず、ことに統治と支配の根幹に触れるような事柄については微動だにしていないし、全体としてみても、せいぜい多少の微調整を行っているにすぎないというほうが正しいと考える。また、そのわずかな変化も、実は、無数の裁判官たちの精神的死屍累々《ししるいるい》の上に築かれたものなのではないだろうか？

なお、近年の最高裁判決は民主的になってきているという評価が出る原因について考えると、前記の各類型を問わず、かつてに比べると、表の顔と裏の顔の使い分けが巧みな人、どのようにふるまえば外部に対して受けがよいかがわかっている人、そして、機を見るに敏な人が増えていることが関係していると思う。「ようやく一番上まで昇り詰めたことでもあるから、今後は少し格好いい意見を書いたりそのような発言もして、一般受けをもねらい、できれば名声をも得たいものだ」といったところが、そういう人物たちの秘められた内心の声なのではないかと考える。なお、ここで、「一般受け」というのは、一般世間のみならず、法律家の世界、実務家の世界をもターゲットにしてのことである。

キャリアシステムが法曹一元制度に移行すれば、そこまではいかなくとも、少なくとも、真に最高裁判事にふさわしい人々が裁判官を含めどの分野からも選任されるようになれば、最高裁判決のみならず下級審判決も、その姿がもう少し変わっていくはずである。

しかし、日本の、ヒエラルキー一辺倒の官僚的キャリアシステムの下では、能力、人格、識見、広い視野とヴィジョン等のさまざまな面においてすぐれた人材はほとんど育たない。また、たとえそのような人物がいたとしても、そうした人物が最高裁判事になるのは、新約聖書の言葉を借りるならば、ラクダが針の穴を通るくらいに難しいことなのである。

裁判員制度導入の舞台裏

ここで、近年の裁判所上層部の腐敗を示す一つの典型的な事例として、裁判員制度導入をめぐる真実、その舞台裏について書いておきたい。

第4章でも述べるとおり、私は、裁判員制度に含まれる市民の司法参加の意味とそれによる刑事裁判制度の改善、冤罪の防止の機能という長所は評価しつつ、これを、真に右のような目的を果たしうる制度に改善していくべきだと考えている。

しかし、裁判員制度に右のような意味があることと、その導入に裁判所トップの不正な思惑がからんでいたこととは、また別の問題である。民主国家である以上、右のような不正については国民、市民は知る権利があると思う。また、裁判員制度には、そのような経緯からでき上がったために、後に論じるとおり、いくつかの重大な欠陥、欠点も含まれており、それを改善していくためには、先のような問題についての正しい認識が不可欠ではないかと考える。

裁判員制度の導入については、最初は、裁判官の間には消極意見が非常に強かった。それが、最高裁判所事務総局が賛成の方向に転じてから、全く変わってしまった。最高裁長官（任期は二〇〇八年から二〇一四年まで）の竹崎博允《たけさきひろのぶ》氏自身、かつては、陪審制を含めたこのような形の市民の司法参加についてはきわめて消極的であったが、裁判員制度については、ある時点で一八〇度の方向転換、転向を行ったといわれている。

そして、現在では、この制度を表立って批判したりしたらとても裁判所にはいられないような雰囲気となっている。こうした無言の統制の強力なことについては、弁護士会や大学など全く比較にならない。全体主義社会における統制と自由主義社会における統制くらいの大きな違いがある。

さて、右に述べたように竹﨑長官を含む当時の最高裁判所事務総局におけるトップの裁判官たちが一転して裁判員制度導入賛成の側に回った理由については、一般的には、主として当時の国会方面からの制度導入に向けての圧力、弁護士会や財界からの同様の突き上げなどを認識し、裁判所がこれに抗しきれないと読んだことによるとされている。

しかし、これについては、別の有力な見方がある。その見方とは、「裁判員制度導入に前記のような背景があることは事実だが、その実質的な目的は、トップの刑事系裁判官たちが、民事系に対して長らく劣勢にあった刑事系裁判官の基盤を再び強化し、同時に人事権をも掌握しようと考えたことにある」というものである。実は、これは、有力な見方というより、表立って口にはされない「公然の秘密」というほうがより正しい。

私自身、先輩裁判官たちがそのような発言をした例をいくつも見ているし、刑事系の高位裁判官たちが「事務総局が裁判員制度賛成の方向に転じてくれたおかげで、もう来ないと思っていた刑事の時代がまたやって来た」という会話を交わすのも複数回耳にしているからである。

刑事系裁判官の問題点と不人気

この書物で論じるような日本の裁判官の問題点が典型的に現れている刑事系裁判官という存在について、また、関連して日本の刑事裁判の問題点についても理解していただくために、少し詳しい説明をしておこう。

裁判官は、主として担当してきた仕事によって、民事系、刑事系、家裁系に大きく分かれる（もっとも、家裁系の数はわずかである）。そして、昔は刑事系裁判官の数も多かったのだが、裁判事務の絶対量において民事が圧倒的となり、判例についても刑事のそれがごくわずかになるにつれ（このことは、判例雑誌の目次を見れば一目瞭然である）、昔は民事系に匹敵する勢力であった刑事系裁判官の数はどんどん少なくなり、たとえば、私の期（第二一期）でいうと、東京地裁刑事部初任を皮切りに事務総局刑事局、刑事系最高裁判所調査官、東京地裁刑事部裁判長等の主要ポストをも経験した純然たる刑事系エリートは、全体の約六〇名中せいぜい一、二名程度にまで落ち込んでいた。

これは理由のないことではない。たとえば、アメリカの裁判所では、刑事裁判に関しては、有罪無罪の判断につき陪審員の評決にゆだねて裁判官が関与しない陪審制が原則とされていることもあって、刑事裁判の専門家はあまりいない（裁判官は、刑事事件の法廷では、陪審員に法律面の説明、説示を行うのが主な仕事である）。私が留学していたシアトルの州地裁では、刑事裁判については、回り持ちで、常時、二割くらいの裁判官が担当していた。アメリカの重大刑事犯罪が日本とは比較にならないほど多いことを考えていただきたい。そのアメリカでさえこうなのである。つまり、今日においては、刑事裁判は、家裁の事務と同じく、もっぱらそれを担当する裁判官を考えるのは東京、大阪のような大地裁だけでよい（通常の裁判所レヴェルについていえば、特に刑事専門の裁判官を養成しなくても、キャリアの中で適宜担当していくことで十分な）仕事となっているのである。事実、私が判事になった前後だったと思うが、一時的に、今後は、刑事専門の裁判官は養成せず、先に述べたような、「全裁判官が適宜刑事も担当する」という方法でキャリアシステムを運営していくという方針が表明されたことがあった。間もなく立ち消えになってしまったのは、おそらく刑事系裁判官の反対にあったためであろう。実際、逮捕状、勾留状、捜索差押許可状等の発布に係る令状事務については、現在では、昔とは異なり、全裁判官が平等に近い形で担当している。

なお、この点について、刑事系裁判官の層が薄くなると市民生活の安定が脅かされるのではないかと考える方がいるかもしれないが、決してそのようなことはないのは、諸外国の例をみてもわかるとおりである。刑事系に特化した裁判官も、東京や大阪のような大裁判所ではある程度の数必要だということまでは一概に否定しないが、それは、家裁の裁判官や知的財産事件担当裁判官について同様のことがいえるのと同じ意味においてにすぎない。つまり、そんなに大きな人数は必要ではない。

むしろ、刑事系に特化した裁判官には、検察官との心理的距離がなくなりやすく、検察寄りにバイアスがかかる傾向が否定できない、公安事件等の担当が多くなることから、ことにそうした事件については予断を抱きやすい、被疑者、被告人に対する偏見が強くなりがちである（被告人のことを語る際に、「奴ら」、「あいつら」といった言葉を用いる裁判官はかなりの数みかけた）など、国民、市民の人権を守るという観点からするとむしろマイナスの要素が出やすいことも考えておく必要がある。こうした問題点が冤罪裁判につながるのである（なお、被疑者とは捜査の対象となっているがまだ公訴を提起されていない者であり、被告人は公訴を提起された者である。また、刑事系裁判官の中には、非常に温厚、寛容で人間性に関する理解も深い裁判官もまた存在するが、私の知る限り、その数は非常に少ない）。

また、刑事裁判は、民事裁判に比較すると人気がなく、ことに若手の裁判官にはほとんど希望者がいないという状況であったという事実も、考慮する必要がある。

これにはいくつかの原因がある。第一に、日本の刑事司法システムで有罪無罪の別を実質的に決めているのが実際にはまずは検察官であって、裁判官はそれを審査する役割にすぎないということがある（したがって、日本の刑事裁判の無罪率はきわめて低い）。このことは、日本の刑事司法の特色として、海外の学者が必ず言及する事柄である。第二に、事件の類型がどうしても限られ、たとえば、単独事件、すなわち一人の裁判官によって裁判が行われる事件でいうと、比較的単純な交通事故事件や覚醒剤関係事件等の、大半は起訴事実に争いのない法廷が一日中続くといったことがままあり、また、こうした事件では型にはまった情状証人の取調べが非常に多く、仕事が単調になりやすいということがある。第三に、被告人が起訴事実を認めても否認の場合と同様に証拠調べを行うなど手続に新鮮味がないということがある。このやり方は本来合理的とはいえないのだが、日本の場合、逮捕勾留時に被疑者が弁護士と接する機会がきわめて限られているため、被告人が事実を全部認めても本当に間違いがないのかを裁判所が審査せざるをえないこと、また、刑事裁判におけるパターナリズム、父権的後見主義、お白洲裁判の伝統が関係していると私は思っている。以上のようなことから、忙しくても民事のほうが面白いしやりがいもあると考える若手が多くなっていたわけである（なお、一般的にいえば刑事系裁判官の仕事ぶりに民事系よりもゆとりがあることは、昔からよくいわれており、刑事系に人を誘う際の常套句にもなっていた）。

こういう状況では、刑事系裁判官には能力の高い人が集まりにくくなってくる。これは家裁系裁判官についてもいえることで、むしろ、民事系、刑事系、家裁系といった区別をせずに、全裁判官がローテーションで民事、刑事、家事少年事件を担当するようにしていくのが、今後の、望ましくかつ健全な方向であることは間違いがなかった。

刑事系裁判官の逆襲と大規模情実人事

しかし、裁判員制度導入の決定により、このようなあるべき方向に大きくブレーキがかけられる結果となった。これによって、刑事系裁判官の地盤が再び強化されたのである。つまり、市民の司法参加という大きなプラスイメージを伴う制度が新たに設けられることによって刑事裁判が脚光を浴びるとともに、そのような仕事に従事するのだからということで、刑事系裁判官・裁判所書記官を増員し、その特化をも固定するのが可能になったということである。

ことに、キャリアシステムにおける昇進の側面においてそれが顕著となった。

そのことを裏付けるかのように、竹崎氏は、一四名の先輩最高裁判事を飛び越して東京高裁長官から直接最高裁長官になるという、きわめて異例の「出世」をした（このように最高裁判事を経ずに最高裁長官となる人事はきわめて異例であり、第三代長官の横田喜三郎以来四八年ぶり、キャリアシステム出身の裁判官としては初めてである）。

また、以下のとおり、裁判員制度導入決定後、司法行政上の重要ポストのかなりの部分を、数の上からいえば民事系よりははるかに少ない刑事系裁判官が占めるという異例の事態が起こっている。

まず、以下の記述の背景として、二〇〇一年六月司法制度改革審議会意見書提出、二〇〇四年五月これに基づく裁判員法（裁判員の参加する刑事裁判に関する法律）成立という事実、および、裁判員制度導入の中心人物であった竹﨑氏の、一九九七年から二〇〇二年まで経理局長、そのまま二〇〇二年から二〇〇六年まで事務総長、二年間の高裁長官時代をはさんだ後二〇〇八年以降最高裁長官という経歴を押さえておいていただきたい。

インターネットで調べると、この間（二〇〇〇年ころ以降）の最高裁関連トップ人事は以下のとおりとなっている。なお、民事局や刑事局のようにそこに入る裁判官の系列が決まっているポストは除いてある。また、情報政策課長についてはデータが存在しなかった（いずれにせよ、歴史が浅く、比較的重要性の低いポストである）。

各ポストにおける刑事系優位の傾向は以下のとおりである。

最高裁長官二〇〇六年以降二人続けて刑事系（これまでで初めて。なお、それ以前の最高裁長官一五名のうち裁判官出身者は一一名であるが、うち刑事系は二名だけである)。最高裁判事については二〇〇〇年以降に最高裁入りした一四名のうち五名が刑事系（前記の二名の最高裁長官を含む)。

事務総長二〇〇〇年から〇九年までと一二年以降。人事局長二〇〇七年から一一年まで。経理局長一九九七年から二〇〇六年まで。総務局長二〇〇九年から一三年まで。秘書課長兼広報課長二〇〇二年から一〇年までと二〇一二年以降。いずれも刑事系（なお、二〇〇〇年以降の刑事系事務総長は現職者を除き全員がその後最高裁判事になっている)。最高裁首席調査官二〇〇八年から一二年まで刑事系（刑事系は過去に一人だけ。三七年ぶり)。

司法研修所長一九九九年から二〇〇一年まで、〇七年から一〇年まで、一一年から一三年まで刑事系。

また、高裁長官や大地家裁所長の人事についても、刑事系優先の傾向は同様に明らかである。

以上であるが、これらの人々の所属する期についてみると、おそらく、私の期と大差なく、純然たる刑事系エリートは一期に二、三名まではないかと思われることを考えていただきたい。少数派である刑事系の占める割合がいかに大きいかがおわかりになるだろう。ことに事務総長と秘書課長（兼広報課長）は極端であり、「上意下達《かたつ》システムの要《かなめ》となるこの二つのポストは刑事で押さえる」という方針が露骨にみてとれる。事務総局における意思決定の中核となっている事務総局会議の主宰者が事務総長であり、同じく審査室会議（なお、「審査室」という組織が現実に事務総局に存在するわけではない）の議長が秘書課長である（新藤宗幸『司法官僚——裁判所の権力者たち』〔岩波新書〕五二頁）ことを考えるべきであろう。

なお、この間、これ以外のポストをも含め、事務総局は、刑事系に限らず、ほぼ例外なく竹﨑氏と関係の深い裁判官で占められている。

このような状況について慨嘆したある元裁判官の言葉を紹介しておく。

「竹﨑氏が、最初は陰の主役として、後には最高裁長官として主導した二〇〇〇年代以降の人事はまさに前代未聞であり、言語道断である。

矢口〔洪一〕さんには、まだしもつつしみというものがあり、このような露骨、極端なことまではしなかった。こうした大規模な情実人事が下級審裁判官たちに与えた悪影響には、はかりしれないものがある」

私が、現在のキャリアシステムはもはや自浄作用が期待できない状況となっていると分析する根拠の一つは、たとえばこうした事態にある。現在の裁判所は、いわば、こうした「毒」が全身に回った状態となっているのである。

これは、決して、竹崎長官（任期は二〇一四年七月まで）一人の問題ではない。根本的、抜本的な改革が行われない限り、彼が退官した後にも、また、刑事系裁判官による人事支配の一時期が終わった後にも、なお同様の傾向が継続する可能性はきわめて高いと思われるからである。この点については、たとえば、現在の最高裁判所事務総局の人事に関する方針が、地家裁所長のレヴェルよりも下の、たとえば大地裁の裁判長といったレヴェルにまで貫徹していることを考えるべきである。これに比べれば、先の元裁判官の慨嘆どおり、矢口体制などまだまだ甘いものであった。

なお、右の点については、矢口長官の時代には、地家裁所長、高裁裁判長クラス以上の裁判官にも面従腹背の姿勢の人がかなりいて、矢口長官もそのことを考慮せざるをえなかったという事情もある。少なくとも、現在のように、唯々諾々《いいだくだく》として、汲々《きゅうきゅう》として、あるいは嬉々として、最高裁長官や最高裁判所事務総局の意向に従い、むしろそれを先取りし、我先に尻尾を振って、その「期待」に応えようとするなどといった風潮まではなかった。その意味では、大変残念ではあるが、上も下も、当時のほうが今よりはまだしもましだったのではないかといわざるをえないのである。

この書物の各所で論じるとおり、二〇〇〇年代以降、裁判官全体のモラル、士気、能力の低下が進行しているように思われるが、その淵源の一つがこうした上層部の腐敗にあることは間違いがないであろう。

なお、刑事系志望の裁判官がきわめて少なかったころにも、人事における相対的な刑事有利の傾向は存在した。これは刑事系の裁判官を確保するためであり、たとえば、判事補の留学について刑事のほうをかなり有利にする、あるいは、本来であれば次期の異動で遠方に転勤しなければならない裁判官について、刑事系に転身することを条件に自宅から通える場所での勤務を継続させるなどといったことである。後者については、能力に乏しい裁判官の場合にその例が多かった。

裁判員制度導入決定後は、よりはっきりした形で、たとえば、刑事系を人事上有利に取り扱う、あるいは民事系でやってきた比較的優秀な人を本人の意向も聴かずに刑事系に転身させるなどのことが行われるようになったといわれている。

裁判員制度導入が、刑事裁判に関する市民の司法参加の実現等の目的とは離れた（第4章で論じるとおり、それならば選択制の陪審員制度を実現していくことがより適切であると考える）、どろどろした権力抗争に一部裁判官が勝利するための手段でもあったとするならば、それによって、裁判員として、また、納税者として、重い負担をかぶることになる国民、市民は、つまり、あなたは、先のような意味でいえば、利用され、あざむかれたことになるのではないだろうか？

学者が誰一人認めない「学者枠」最高裁判事

竹﨑長官の就任にまつわる事情に触れたので、これに関連して、現在の裁判所における人事のあり方の問題点を示す一つの典型的な事例という意味で、竹﨑長官の時代になってから行われたある最高裁判事人事についても記しておきたい。

最高裁判事の出身母体はおおむね固定しており、近年は、裁判官六名、弁護士四名、検察官二名、行政官僚二名（うち一名は外交官が多い）、法学者一名となっている。

さて、竹﨑長官の時代になってから、最高裁判事のいわゆる「学者枠」に、元裁判官の女性学者が任命された。しかし、この人事については、学界から批判や戸惑いの声が数多くあがっており、むしろ、優秀な学者ほど強い言葉で批判を口にすることが多かった。たとえば、「そもそも私は彼女の名前すら知らず、学者とは思っていない」、「現在の最高裁に事実上『学者枠』は存在しない」、「彼女は、自分の業績についてよく考え、辞退すべきではなかったかと考える」などきわめて厳しいものが多く、また、肯定的な評価は、女性学者をも含め、少なくとも私の聞いた限り、皆無であった。

要するに、批判の要旨は、「従来、学者出身の最高裁判事といえば、まずは例外なく、一級の業績を積み重ねてきた学界の重鎮であった。そのことに鑑《かんが》みると、この方の学者としての業績がはたしてどのように評価されたものなのか、疑問を禁じえない」ということであった。そもそも、学界では、前記のとおり、彼女の名前すらほとんど知られておらず、裁判官兼研究者であった私でさえ、この方については、家裁系裁判官の一人という程度の記憶しかなく、裁判官をやめて弁護士、次いで学者になっていたことすら知らなかったのである。

確かに、「この方の学者としての業績は未だ十分なものとはいえなかったのではないか?」という学者たちの感じ方が的はずれであるとはいいにくいところがある。その意味で、これは、前記のような司法行政ポストの人事に比べてもより異例の、理由のよくわからない人選であった。学者の中には、どうしても女性を登用したかったことが理由なのだろうと推測する人もいた。しかし、これについては、「女性学者の中にもより最高裁判事にふさわしい人は多数いたではないか?」という反論が行われていた。

私自身、この人事については、ずっと不思議に思っていたのだが、裁判員制度導入決定後の人事の不可解さにはもう慣れっこになっていたので、深くは考えなかった。

しかし、その後、元裁判官の先輩とこの人事について話した際に、彼女が最高裁判事に任命されたことにはそれ相応の理由があるのではないかという見方があることを知った。

その見方というのは以下のようなものである。

「学者出身の最高裁判事ポストについて、慣例を破った、従来では考えられないような人事を行うことには、何らかの特別な理由がなければならないが、この人事が行われた理由について考えられる一番可能性の高い説明は、この人事が、筋の通った反対意見を書くことが多く、また、ほかの判事たちに対する影響力も大きい学者枠の裁判官に、そのような人物ではない人が得られるという意味で、裁判所当局にとって都合のよい人事であるということではないだろうか？

具体的には、たとえば、必ず提起されるに違いない裁判員制度違憲を訴える訴訟について、全員一致の合憲判決を得るということが考えられる。今の最高裁判事の中で、裁判員制度について違憲の少数意見を書きそうな人がいるだろうか？　いるとすれば弁護士出身者だが、彼らは、日弁連が裁判員制度支持の立場であった以上、先頭を切って反対意見は書きにくい。そうすると、唯一危ないのは学者枠の最高裁判事だ。そして、その学者が有力な学者であればあるほど、弁護士出身者を始めとするほかの判事たちの意見が揺らぐ可能性がある。そういう点からみれば、あの人は、裁判所当局にとって、きわめて安全で都合のいい裁判官ということになるのではないだろうか？」

この見方については、あるいは、うがち過ぎの推測ではないかという人がいるかもしれない。しかしながら、この見方は、先のような、異例の、いささか不可解な人事、その理由について学者を始めとする法律家を納得させる説明を行うのが容易ではないと思われる人事についての説明としてみると、実務家兼研究者であった私にとっても、唯一、腑に落ち、納得のいく説明だったことは確かである。私がその後話してみた数人の実務家（裁判官と弁護士）、学者の意見も同様であった。

もしもそうであるとするならば、当時の、また現在の司法行政のトップたちにとって、学界などは、二次的な、よりストレートな言葉を使えば、どうでもよい、つまりその反応など全く気にしなくてよい存在だったのであり、学者出身の最高裁判事ポストというきわめて重要な、国民、市民の権利に深い関わりのある人事についても、卑近な、表には出しにくい目的が優先したということになる。そして、現在の裁判所のあり方を前提とするならば、そういう事態はありうるのではないか？　そう考えざるをえないのである（なお、学者枠の最高裁判事には判決の理論面を下支えするという役割があるのだが、最近の大法廷の判断は、学者たちから理論面の脆弱さを指摘されることが多くなっている）。

ところで、裁判員制度については、その後、実際に、全員一致の合憲判決が出ている（二〇一一年〔平成二三年〕一一月一六日最高裁大法廷判決）。

この判決の当否はおくとして、私がここで読者に思い出していただきたいのは、第1章に記した田中耕太郎第二代最高裁長官の「〔砂川事件に関する最高裁の審議では〕実質的な全員一致を生み出し、世論を揺さぶる元となる少数意見を回避するようなやり方で「評議が」運ばれることを願っている」という言葉である。裁判員制度違憲を訴える訴訟に関する評議についても、「全員一致の合憲判決を生み出し、世論を揺さぶる元となる少数意見を回避するやり方で評議が運ばれることを願った」人物ないし人々はいるのだろうか？　また、いるとしたら、それは誰なのだろうか？　それを考えていただきたいのである。

いずれにせよ、裁判員制度導入決定後、現場の所長たちから、制度へのラヴコールが口々に上がったことは紛れもない事実である。この時点を境として、司法行政のあり方、裁判官の世界のあり方は、矢口洪一体制時代以上に硬直的、一元的なものとなっていった。つまり、異論を許さない一種の全体主義体制であり、私のような単なるリベラル、自由主義者にすぎないような者にとってさえ、もしも公式見解と異なった意見を何事についてであるにせよ抱いているならば、もはや居場所がないような体制ということである。

第3章

「檻」の中の裁判官たち

——精神的「収容所群島」の囚人たち

事務総局中心体制——上命下服、上意下達《かたつ》のヒエラルキー

日本の裁判所の最も目立った特徴とは何か？　それは、明らかに、事務総局中心体制であり、それに基づく、上命下服、上意下達のピラミッド型ヒエラルキーである。

まず、このピラミッド型ヒエラルキーの実態について簡単に解説しておこう。

頂点には、最高裁長官と一四名の最高裁判事がいる（なお、双方を合わせて呼ぶときには最高裁判所裁判官というカテゴリーになるが、この書物では、わかりやすさの観点から、その意味でも「最高裁判事」という言葉を用いている）。次が高等裁判所長官。全国に八名おり、序列は、東京、大阪、名古屋、広島、福岡、仙台、札幌、高松の順であると思われる。なお、東京、大阪の高裁長官は、それ以外の高裁長官よりも最高裁入りすることが多い。次が東京、大阪等の大都市の地家裁所長（同じ場所の地裁は家裁より格が上。なお、裁判所法上は、最高裁判所以外の裁判所の裁判官の種類は、高裁長官、判事、判事補、簡裁判事だけであり、地家裁所長は、司法行政事務の総括者にすぎない）と東京高裁の裁判長、少し後れて大阪高裁の裁判長であろうか。このあたりから序列は著しく細かくなり、はっきりいって、人事にあまり興味のなかった私には詳細はよくわからない。しかし、時に応じある程度は揺れ動くにせよ原則としては定まった、厳然たる微細な序列があることは間違いがない。いずれにせよ、次がそれ以外の地家裁所

長とそれ以外の高裁裁判長。そして高裁支部長と地家裁大支部の支部長。次が地家裁裁判長と高裁の右陪席。その格付けには全国でかなり大きな差がある。次が高裁の左陪席と地家裁の右陪席。最後が地家裁の左陪席となる。大支部以外の地家裁支部長は地家裁右陪席クラスまで広がる。なお、新任判事補の任地は、かつてはおおむね成績を第一の基準として東京から順に並べていたようであるが、近年は微妙になっており、一概にはいえない。

これとは別に、最高裁判所事務総局には事務総長、局長、課長、局付がおり、最高裁判所調査官としては首席、上席、普通の調査官がおり、司法研修所には所長、上席、事務局長、普通の教官がおり、裁判所職員総合研修所は司法研修所に準じ、また、各高裁には事務局長がいる。格付けとしては、事務総長、首席調査官、司法研修所長は高裁長官に準じ、事務総局局長は所長に準じ、同課長、最高裁判所調査官、司法研修所教官の比較的上のほうは東京地裁裁判長と同クラス、高裁事務局長はその所在地地裁裁判長と同クラス、といったところであろうか。また、法務省本省や各法務局に出向している裁判官にも、これに準じた細かな序列がある。

思い出しながら書いていても胸が悪くなりそうな気がするのだが、こうした、相撲の番付表にも似た裁判官の細かなヒエラルキーは、裁判所法をみても決してわからない。日本の裁判所がおよそ平等を基本とする組織ではなくむしろその逆であることは、よくよく頭に入れておいていただきたい。

さて、先のヒエラルキーのトップに位置する最高裁長官は、原則として、めったに開かれない大法廷の裁判にしか関与しないから、その主な仕事は、司法行政の統轄、より直截《ちょくせつ》にいえば、司法行政を通じて裁判所の職員全体、とりわけ裁判官を支配、統制することである。制度の建前上はともかく、実際上の最高裁長官の権力、権限は、ほかの最高裁判事よりも格段に大きい。一九八〇年代以降に限ると、その全員が、事務総局系の裁判官出身であり、また、九名中四名が事務総長経験者である。

一四名の最高裁判事のうち裁判官出身者（前記のとおり通常六名）は、近年はほぼ全員が事務総局系である。

事務総局のトップである事務総長は最高裁長官の直属、腹心の部下であり、そのポストは最高裁長官、最高裁判事への最も確実なステップである。ほとんどが最高裁判事になっており、歴代裁判官出身最高裁長官の約半分をも占める。前記のとおり、「最高裁長官の言うことなら何でも聴く、その靴の裏でも舐める」といった骨の髄からの司法官僚、役人でなければ、絶対に務まらない。最高裁長官のいる席では「忠臣」として小さくかしこまっているが、その権力は絶大であり、各局の局長たちに対して長官の命令を具体化して伝えている。

行政官庁の局長には、かなりの程度の裁量権があるが、事務総局の局長には、そんなものはほとんどない。最高裁長官の意向に黙って従う「組織の大きな歯車」にすぎない。このことについては、私は、そのような内容の愚痴をある局長がこぼしていたのを実際に聞いたことがあり、間違いはないはずだ。当然、局長の部下であるところの、局付はもちろん課長でさえ、本質的には、ただひたすら命令される「若造、小僧」にすぎないといってよいだろう。

ところが、事務総局の外、つまり現場の裁判官たちとの関係では、事務総局の権力と権威は、そのトップについてはもちろん、総体としても決定的に強大である。

その結果、先にも記したとおり、傲慢な局長であれば地家裁所長、東京地裁所長代行クラスの先輩裁判官たちにさえ命令口調で接することがありうるし、課長たちの地家裁裁判長たちに対する関係についても、同様のことがいえる。

これに応じて、所長たちの上向き、事務総局向きの姿勢もきわめて顕著であり、その結果として、自分の裁判所の裁判長は鼻であしらうのに、事務総局の局付判事補に対してはばかていねいな応対をするといった見苦しい倒錯が生じる。これは、もちろん、局付個人に対してではなく、その「ポスト」に対して敬意を表しているのである。この官僚組織にあっては、吹けば飛ぶような「個人」などどうでもよく、「ポスト、肩書」こそがものをいうからだ。

ここで、地家裁所長の地位について触れておくと、それは、非常に微妙なものであって、実質的にも比較的大きな発言権をもつ高裁長官とは全く異なる。

確かに、地家裁所長の裁判官や職員に対する影響力は大きく、彼らに対する姿勢も権力者的、権威的であることは、大学の学部長の比ではない。そのような意味でいうなら、大学の総長、学長と教授、准教授以上の大きな上下差の感覚が、地家裁所長と普通の判事、判事補との間にはあるといってよいだろう。

しかし、所長の権限は、実際には、裁判官や職員の評価に関する側面を除けば、ごく限られたものである。最高裁判所事務総局やその下にある高裁事務局（高裁事務局長は前記のとおり地裁裁判長クラスの裁判官であり、事務総局の課長たちと並んで、司法行政の一つの要《かなめ》である）の意見、ことに前者は絶対であり、第2章で二人の東京地裁所長代行判事の対照的な人事について記したとおり、現在では、所長や所長代行時代に事務総局に対して言うべきだと思うことをきちんと言っていたら、まず、その人のその後の人事はよい方向へは向かわないといって間違いはないと思う。

上への追随、追従傾向が極端なある大地裁の所長の例を挙げておく。

彼は、裁判官や職員の前で、「高裁の意見はちゃんと聴いたのか？　まず上級庁の意見を聴きなさい」、「それは本当に事務総局の考え方と同じなのか？　もしかしたら違うのではないのか？」などといった言葉を毎日のように使用するので、職員たちから「忠犬ハチ公みたいな人」とささやかれていた。もっとも、犬が亡き飼い主を慕うのは美徳だが、裁判官たちの独立を守る立場の人間が、いたずらに事務総局や高裁事務局（事務総局の局長も、高裁事務局長も、大地裁の所長からみればかなりの後輩である）の意向を条件反射のように気にすることは、決して美徳とはいえず、先の職員たちの言葉は、ハチ公の名誉をいたく傷付けるもののように思われる。

たとえば前記のような所長たちの裁判員制度絶賛の大合唱も、以上のような事態を踏まえて受け止めるべきものなのである。

こうした、支配と追随の二面性の結果として、所長の「上にはきわめて弱く、下にはきわめて強い」という問題のある姿勢はどんどんひどくなっていく。ことに、所長時代に「成果」を挙げることに腐心するような人物が所長になると、下の裁判官たちは大変苦労することになる。なお、判事補たちに対しては所長もおおむね愛想がいいが、若い人たちに対して愛想がいいのは、どこの組織の長でも同じである。

私は、所長経験者や現に所長をしている裁判官から、「瀬木さん、所長って楽そうにみえるけど、やってみるとイヤな仕事だよ」という話をされた経験が何回もある。もちろん、所長が楽しくてたまらないという人もいると思うが、現在の裁判所においてそのように感じるのがどのような種類の人間であるかについては、読者の御想像にお任せしたい。

人事による統制とラットレース

最高裁長官、事務総長、そして、その意を受けた最高裁判所事務総局人事局は、人事を一手に握っていることにより、いくらでも裁判官の支配、統制を行うことが可能になっている。不本意な、そして、誰がみても「ああ、これは」と思うような人事を二つ、三つと重ねられてやめていった裁判官を、私は何人もみている。

これは若手裁判官に限ったことではない。裁判長たちについても、前記のとおり、事務総局が望ましいと考える方向と異なった判決や論文を書いた者など事務総局の気に入らない者については、所長になる時期を何年も遅らせ、後輩の後に赴任させることによって屈辱を噛み締めさせ、あるいは所長にすらしないといった形で、いたぶり、かつ、見せしめにすることが可能である。さらに、地家裁の所長たちについてさえ、当局の気に入らない者については、本来なら次には東京高裁の裁判長になるのが当然である人を何年も地方の高裁の裁判長にとどめおくといった形でやはりいたぶり人事ができる。これは、本人にとってはかなりのダメージになる。プライドも傷付くし、単身赴任も長くなるからである。

こうした人事について恐ろしいのは、前記のような報復や見せしめが、何を根拠として行われるかも、いつ行われるかもわからないということである。たとえば、「違憲判決を書いた場合」などといった形でそれが明示されているのなら、それ以外は安心ということになるかもしれないが、「ともかく事務総局の気に入らない判決」ということなのだから、裁判官たちは、常に、ヒラメのようにそちらの方向ばかりをうかがいながら裁判をすることになる。当然のことながら、結論の適正さや当事者の権利などは二の次になる。

また、事務総局は、裁判官が犯した、事務総局からみての「間違い」であるような裁判、研究、公私にわたる行動については詳細に記録していて、決して忘れない。たとえば、その「間違い」から長い時間が経った後に、地方の所長になっている裁判官に対して、「あなたはもう絶対に関東には戻しません。定年まで地方を回っていなさい。でも、公証人にならしてあげますよ」と引導を渡すなどといった形で、いつか必ず報復する。このように、事務総局は、気に入らない者については、かなりヒエラルキーの階段を上ってからでも、簡単に切り捨てることができる。なお、右の例は、単なるたとえではなく、実際にあった一つのケースである。窮鼠《きゅうそ》が猫を嚙まないように、後のポストがちゃんと用意されているところに注目していただきたい。実に用意周到なのである。

さて、学者仲間やジャーナリストと話していると、「裁判官になった以上出世のことなど気にせず、生涯一裁判官で転勤を繰り返していてもかまわないはずじゃないですか？どうして皆そんなに出世にこだわるんですか？」といった言葉を聞くことが時々ある。「ああ、外部の人には、そういうことがわからないんだ」と思い知らされるのが、こうした発言である。おそらく、こうした発言をする人々だって、裁判官になれば、その大半が、人事に無関心ではいられなくなることは、目にみえているからだ。

なぜだろうか？

それは、第一に、裁判官の世界が閉ざされ、隔離された小世界、精神的な収容所だからであり、第二に、裁判官が、期を中心として切り分けられ、競争させられる集団、しかも相撲の番付表にも似た細かなヒエラルキーによって分断される集団の一員だからであり、第三に、全国にまたがる裁判官の転勤システムのためである。

裁判官を外の世界から隔離しておくことは、裁判所当局にとって非常に重要である。裁判所以外に世界は存在しないようにしておけば、個々の裁判官は孤立した根無し草だから、ほうっておいても人事や出世にばかりうつつを抜かすようになる。これは、当局にとってきわめて都合のいい事態である。

次に、ヒエラルキーの階梯《かいてい》を細かく細かく切り分け、出発点は一応平等にし、根拠のよくわからない小さな差を付けて相互に競わせる。英語でいうところのラットレース、際限のないばかげた出世競争である。第三者からみればまさにいじましい「ネズミの競走、競争」なのだが、当事者は客観的に自分を見詰める眼を完全に失ってしまっているから、そのことには気が付かず、必死に入れ込む。さらに、ある段階で事務総局系（局長、課長経験者）とそれ以外の裁判官との間に歴然とした差を付ける。それも、近年では、純然たるエリート系とともに、お追従で上に取り入ってきたイエスマンをも適宜取り立てることによって、いよいよ微妙に裁判官たちを刺激するようになっている。

このような傾向について、東大、京大等の名門にとらわれない公平な人事だなどと思ったら大間違いである。能力一本ならまだしも、情実まで交えるようになってきたというだけの場合が多いからだ。その象徴的な例が、第2章の後半で詳細に分析した大規模情実人事なのである。なお、そこで関連して論じた奇妙な最高裁判事人事についても、女性最高裁判事の積極的登用といったイメージで一石二鳥の一般受けをもねらっていることに、よくよく注意していただきたい。オバマ大統領が就任後に有権者たちを裏切っていよいよ大企業と政治家の支配を強め、国民の自由制限を継続した例をみるべきなのである（堤未果『アメリカから〈自由〉が消える』扶桑社新書）。黒人だから、女性だから、それだけで、民主的なのだろうといった受け止め方は、決してしてはならない。「愚かな大衆を喜ばせるには俗受け路線に限る」という全世界共通の国民、市民愚弄《ぐろう》路線に乗せられてはいないかを、じっくりと考えてみる必要がある。

なお、近年の情実人事的傾向は、若手にも及んでおり、その反面として、非常に能力の高い人が必ずしも認められないという、以前には考えられなかった事態まで生じ始めていた。かつては、少なくとも若手については、おおむね能力主義の公平な人事が行われており、それは、たとえば矢口体制の下でも特に変わりがなかったものなのだが。

基本的な上下が期によって決められる官僚組織においては、同期の中で自分よりも明らかに能力の低い者が自分よりも上に行くとか、後輩に先を越されるなどといった事態は、非常に屈辱的なものになる。また、裁判所当局は、このことを知り尽くしていて、そのような屈辱を感じさせることをことさらに意図した人事を行うということも、理解していただきたい。私は、正直にいえば、学者やジャーナリストのような知的な想像力に長けているはずの人々が、こうした事柄について十分に想像力を働かせることができないのを、不思議に思っている。自分の身に起こる事態として考えてみるならば、すぐに了解できることではないかと思うのであるが。

最後に、裁判官の転勤システムが全国にまたがっているところがミソである。たとえば中央行政官僚のようにずっと東京から動かないのであれば一生課長でも好きなことができればいいと割り切れるかもしれないが、生活の本拠地（たとえば東京近辺、大阪近辺等だが、それらに限らない）から遠いところを転々と飛ばされると、よほど精神力の強い人でない限りまいってしまう。裁判官は、近年はその平均的な質が落ちてきているとはいえ、少なくともその上層部についてはおおむね各大学の成績上位者で占められるような優等生集団だから、こういう仕打ちをされるとまずはもちこたえられない。

以上の点について、法曹一元制度のアメリカと比較してみよう。アメリカでは、多くの裁判官は就任した裁判所を動かない。より上位とされるようなポストに移る例もないではないが、まれである。また、裁判官の独立は徹底していて、たとえば地裁の裁判官が上級審の裁判官に頭を下げる機会などまずないし、裁判官の間の上下差の感覚もきわめて小さい。というより、裁判所組織が全体としてピラミッド型ヒエラルキーであるなどとは、おそらく、誰も思っていないだろう。日本で類推するならば、むしろ、大学、学者の世界に近いといえる。実際、私は、留学していたワシントン州の最高裁判所を訪れ（アメリカの裁判所には、連邦と州の二つの系列がある）、判事たちと面会したことがあるが、いずれも穏やかかつ学識豊かな紳士で、先にも述べたとおり、日本で類推するなら、むしろ、すぐれた学者の雰囲気に非常に近かった。第2章で分析した日本の最高裁判事の性格類型と比較していただくと、大きな相違のあることがおわかりになるのではないだろうか？　さて、あなたは、日本とアメリカを比較して、どちらのタイプの人間のほうがより最高裁判事にふさわしいとお考えになるだろうか？

そして、日本型キャリアシステムは、キャリアシステム全体の中でみても、その階層性、閉鎖性、中央集権性において際立ったものであり、構成員に熾烈《しれつ》な出世競争を行わせ、飴と鞭を使い分けてコントロールすることによって、裁判官たちから、その独立性を事実上ほぼ完全に近いといってもよいほどに奪い、制度に屈従する精神的奴隷と化しているのである。

たとえば、同じキャリアシステムでも、現在のドイツの裁判官制度が、ナチス時代に対する反省もあって徹底的に民主化され、弁護士の水準が低いことと相まって、裁判官がむしろ率先して正義の実現のための方向付けを行うような制度となっているのとは、全く異なる。むしろ、日本のキャリアシステムは、支配する機関が司法省から最高裁長官、最高裁判所事務総局に替わっただけで、戦前のシステムと本質的には変化していないのではないかと感じられるのである。

恣意的な再任拒否、退官の事実上の強要、人事評価の二重帳簿システム

二〇〇〇年代に行われた司法制度改革による裁判所制度の諸改革については、私も、前記のとおり、一定程度期待していた部分があるのだが、それらが実施されてしばらくする

と、期待はことごとく裏切られ、改革に期待したのは判断が甘かったことが判明した。むしろ、裁判所当局は、それらの改革を無効化するのみならず、逆手に取り、悪用し始めた。その一つが、新任判事補の任用と一〇年ごとに行われる裁判官の再任の審査を行う下級裁判所裁判官指名諮問委員会の制度である。その表向きの趣旨は、これらの手続を透明化し、国民の意思を反映させることにあった。

しかし、この委員会のメンバーには現職の高位裁判官や検察官が多数含まれており、また、その情報収集方法は、裁判官の評価権者である地家裁所長や高裁長官の非公開報告書（「再任〔判事任命〕希望者に関する報告書」。なお、これは、毎年定期的に作成され、裁判官の申出があれば開示される後記の「評価書面」とは異なる）が中心であって、みずから調査を行う方法、手段は限られていると思われる。また、再任不適格と判断された裁判官に対するいわゆる告知、聴聞の機会も、不服申立ての制度もなく、このことには大きな疑問を感じる。さらに、判断基準は非常に抽象的であり、審議の内容も公開されない。「指名の適否について慎重な判断を要する者」すなわち重点審議者を委員会が選択するための主な情報は前記の非公開報告書であるから、事務総局人事局は、評価権者に微妙なサインを送りさえすれば（電話一本で簡単にできることである）、みずから手を汚すことなく、特定の裁判官の再任を事実上拒否することが可能になるのである。

現に、この制度の採用後、再任を拒否される裁判官の数が目立って増えている。それまではほとんどなかった再任不適格と判断される裁判官の数（そのように判断されても再任願いを撤回しないと再任拒否される）が、年に五名前後という大きなものになっているのである。

もちろん、実際には、再任を拒否される裁判官は能力不十分である場合が多いだろう。しかし、問題なのは、先のような制度のあり方からすると、そうした裁判官のデータの間に再任を拒否したい裁判官のデータをそっと滑り込ませておくことが十分に可能になるということだ。「拒否されても仕方がない例」の間に混じるために、そうした事案の不当性を、たとえ事実上であっても主張することは、きわめて困難になる。

実際、私は、超一流国立大学に勤務していたある学界長老から次のような言葉を聴いている。

「私のゼミで一番よくできたある学生が、裁判官になって二〇年経ったところで退官したので尋ねてみたら、再任拒否されたということでした。大変驚きました。本人もわけがわからないというのです。確かに、比較的はっきりものをいう学生ではありましたが、しかし、それで拒否されるというのであれば、信じられないことです」

また、提出されるデータからして再任が危ぶまれる裁判官については、事前に「肩叩き」が行われるのが通例である。これをやられると、ほとんどの裁判官は意気消沈して任期満了前に退官してしまう。任期満了退官であると、再任拒否にあったのではないかということで弁護士事務所への新たな就職などに差し支える可能性があるからだ。したがって、「実質的な」再任拒否者の数は、公表されている数よりもかなり多いとみなければならない。

この点については、以前にはすべて肩叩きで不透明に処理されていたものがある程度表に出るようになっただけかもしれないとの推測もある（ダニエル・H・フット、溜箭将之《たまるやまさゆき》訳『名もない顔もない司法——日本の裁判は変わるのか』〔NTT出版〕二二七頁）が、おそらくそのようなことはなく、その書物にあるもう一つの推測、「委員会が設置されたことで、事務総局は以前よりも自由に候補者の任官を拒絶できるようになったとさえいえる」（二二六頁）のほうが正しいであろう（前記の新藤宗幸『司法官僚』一五五頁も同様の推測を行っている）。私はかつての実情についてもかなりよく知っているが、再任拒否は前記のとおりほとんどなく、肩叩きもせいぜい二、三名ないしそれ以下であったと思う。

なお、フット教授（東京大学）による日本の司法の分析については、全体としては評価すべき部分があると思うが、前記の書物についてみると、日本の裁判所・裁判官制度の決定的な特徴であるヒエラルキー的な上意下達の官僚組織という側面の問題点に関する十分な認識が欠けているように思われる。前記の書物で一番人を引き付けるのはそのタイトルなのだが、それでは、なぜ、日本の司法が「名もない顔もない」のっぺらぼうなものとなっているのかについては、この書物は、必ずしも十分な説得力をもって論じえてはいない。私には、それが、前記のような視点の欠落の結果であるように思われる。

以上に関連して、司法制度改革に伴う裁判官評価制度の透明化の一環として設けられた評価書面開示、不服申立ての制度については、処遇に関する不満を感じて開示の申出を行ったある裁判官（確かに、私の目からみても十分に評価されていないように思われた）から聞いたところでは、きわめて型通りの好評価だけが記載されていたという（前記『司法官僚』一四一頁以下にもこれとおおむね同趣旨の記述がある）。このことについては、実際の人事で重視されているのは、非公式の書面や口頭による情報、また、それらを総合して記載された個人別の人事書面であろうといわれている。司法制度改革前のことであるが、私は、ある左派裁判官（その中で友人でもあった数少ない人物）から、「『いやあ、あんたの通知票はバツだらけのようだなあ。いっぱい書き込まれているらしいぞ』と〔以前から面識のあった〕所長から言われたよ」という話を聞いたことがある。右の所長の言葉は、前記の個人別人事書面の存在をうかがわせる。つまり、裁判官評価に関する最も重要な書面は事務総局人事局に存在する絶対極秘の個人別人事書面なのであり、おそらく、そのことは、現在でも何ら変わっていない。したがって、裁判官の人事評価に関しては、表と裏の二重帳簿システムが採られている可能性が高いとみてよいだろう。常識的に考えても、裁判所のような組織であえて開示の申出を行うほどに不遇を感じている裁判官に関する「評価」が、前記のような型通りの好評価だけであるというのは、きわめて奇妙ではないだろうか？

司法研修所という名の人事局の出先機関、職人的教育システムの崩壊

司法研修所は、司法試験に合格した司法修習生（以下、単に「修習生」という）の教育と裁判官の生涯教育を担当する機関であり、セクションもこの二つに大きく分かれている。

こう書くと、誰でも、法科大学院に類するような高等教育機関というイメージを抱くであろう。しかし、実際にはそうではない。

これは、学者を含む法律家の間にさえあまり知られていないことなのだが、司法研修所は、事務総局人事局と密接に結び付いて最高裁長官や人事局長の意向の下に新任判事補を選別し、また、裁判官の「キャリアシステム教育」を行う、実質的な意味での「人事局の出先機関」なのである。人事局と司法研修所教官、ことに修習生の教育選別を行う部門と裁判官教育を行う部門との各上席教官（後者の上席のほうが格は上）、また司法研修所事務局長（以上、いずれも東京地裁裁判長クラスの裁判官）とのパイプはきわめて緊密である。そして、

彼らを通じて、人事局は司法研修所教官を動かしている。

普通に司法研修所教官といえば、修習生教育を行う教官であり、数も多い（なお、この教官には、検察官、弁護士もいるが、以下では裁判官の教官について論じる）。彼らが選ばれる基準については、昔は教える能力もそれなりに重視されていたのだが、今日では、教えることはマニュアルどおりにやればよく（自分の考えなどむしろもたないほうがよい）、事務総局のお眼鏡に適うような人物をうまく選別して任官させる能力のほうが重要といった方針で選ばれる傾向が非常に強まってきている。その意味では、司法研修所教官は、裁判官の中でも、外部の人々がそれについて抱く幻想が最も大きい種類のポストであろう。大学教授とは全く異なった観点から教官が選ばれていることは、知っておいていただきたい。「研修所に学者なし」といわれるゆえんである。

むしろ、司法研修所教官は、その中で「使える」ような者を選別してたとえば地方の高裁事務局長にするなど、司法官僚の二次的な選別コースになっているといわれる。二次的というのは、能力からすると、事務総局課長や最高裁判所調査官に比べればよりばらつきが大きいからである。ただし、近年は、情実人事的傾向の進展に伴い、上司の顔色をうかがうことに秀でたイエスマンの多い司法研修所教官が取り立てられる例が、以前よりも多くなっている。

そのような教官が教えるわけであるから、教育内容は、当然、千編一律のマニュアル詰め込み、丸暗記が中心であり、また、異説はきらわれる。したがって、修習生たちの考える力や分析力は伸びず、かえって、丸暗記、丸写し教育の弊害が出てくる。

また、新任判事補の選別も、客観性に乏しいものとなっていく。

弁護士人気が高まったバブル経済の時代に新任判事補の下限レヴェルの質は著しく落ちており、不況期に入ってからもそのことは変わっていない。平均的な修習生のレヴェルに達しない能力、成績の者が相当数裁判官に採用されており、ことに、司法試験合格者がかなり増加した後の新任判事補の中には、判決書起案の主文にまで書き落としや形式ミスが目立ち、注意されてもなかなかそれがなおらないといった例までが存在する。これは、今日の優秀な修習生の多数（私がみてきたところでは七、八割程度）が弁護士になり、かつてのように裁判官に人気がなくなってきたことにもよる（なお、検察官については、近年、昔よりも人気がある）が、もう一つの理由は、教官が、能力主義の公平な評価を行っていないことにあると思う。

教官の中には、「教え子について悪いことは書けない」などと言って、能力不足の人について問題はないとの評価を行い任官を可能にする例があるのだ。しかし、そういうことを言うのであれば、自分自身がその教え子と合議体を組み、責任をもって教育すべきなのである。前記のような発言は、評価者として無責任もはなはだしい。結局、配属先でその指導に当たる裁判官のみならず、当の本人も苦労することになるからである。

この点についても、テレビドラマや青年漫画誌のような感覚で、能力がなくても人のいい裁判官ならいいんじゃないか、などと考えるべきではない。裁判官の法的能力が弁護士よりも相当に低ければ、適切な訴訟指揮などできるわけがない（そのような裁判官を、ゴルフのたとえで「池ぽちゃ裁判官」と呼ぶ弁護士もいる）。また、考える力に乏しければ、まともな判断や和解案の提示もできない。一定の知的、法的能力は裁判官の最低必要条件なのである。また、裁判官としての基本的な能力に欠けるところのある人は、伸びるといっても一定の限界があり、さらに、だらしなかったり、自己認識に欠けていたり、鼻息ばかり荒かったり（それだけならまだしも、自分の裁判長の言うことは聴かずに所長や所長代行の言うことばかり聴くなど、よりたちが悪い場合がある）で、指導がままならないという話を聞くことも多い。自分の能力適性に関する正確な認識を欠いている場合が多いから、右のような事態を招くのであろう。

また、私の退官直前ころのことであるが、以前に比べて、裁判官任官希望者を評価する基準がさらに主観的、恣意的なものになっているのではないかという意見も複数耳にした。具体的には、組織になじむ人物であるか否かが以前よりも重視されているというのである。新任判事補選抜の際にまで、この書物に記してきたような意味での事務総局の意向に沿う人物か否かが、正面から考慮されている可能性があることになる。

これが単なる噂であればよいのだが、私自身、なぜこの人が任官できないのだろうと不思議に思った例、反対になぜこの人が任官できたのだろうと不思議に思った例を複数みているので、前記のような事柄を根拠のない噂として片付けることはできないのではないかと考えている。

それでは、裁判官のキャリアシステム教育のほうはどうだろうか？ これについては、判事補を集めての研修や、特定のテーマに関する裁判官の研究会等が行われている。しかし、こうした研究会についても、上から下に指針と情報を下げ渡すという姿勢が露骨で、やはり、学者の研究会とは全く雰囲気が異なる。

私の体験を一つ書いておくと、司法研修所で開催された研究会において私が意見を述べた後に、司会役の裁判官が、「瀬木さんの意見をそのままに受け入れないように」と発言したことがある。冗談だったのではないかと推測される読者もあるかもしれないが、そうは考えにくい口調だったし、ほかの出席者が笑った記憶もない。後日、その研究会に出席していた後輩の数人から、「あの時は、自由な議論ができてとてもよかったです」と言われたのだが、私としては、笑顔で応じたものの、「本当にそう思うならあの場でそう言ってほしかったな」という思いを禁じえなかったことも事実である。私が徐々に平均的な裁判官に対する信頼をなくしていった理由の一つは、たとえばこうした体験にある。

次に、若手判事補の日常教育であるが、これは、昔ながらの徒弟制的なシステムによっている。

この徒弟制的システムの問題は、教えるほうのレヴェルやモラルが高い場合にはかなりの成果が上がるのだが、低い場合にはその逆のことが起こるということである。つまり、かえって悪くなっていく。

戦後しばらくの間、日本映画はその質において疑いもなく世界の最高水準にあった。これについては、敗戦と戦後の価値観の変動によって刺激された巨匠たちの危機意識が創造的なエネルギーとなって結晶したことと、徒弟制システムの成果、蓄積によるところが大きかったのではないかと私は考えている。脚本、撮影、照明、編集、いずれも名人芸の結晶であり、何気ないカメラのオペレーション一つとっても、すうっと動いてここぞというところでぴたりと止まり、しかも、決して観客にカメラの動きを意識させたりしない。

ところが、その後、日本映画は、時代の変化やテレビの進出に伴う徒弟制システムの劣化、疲弊に伴い、見る影もなくその質を落としてしまった。職人たちの技術も心意気も失われてしまったにもかかわらず、旧来のシステムに代わりうる新たなシステムが構築されなかったことが、その劣化の根本的な原因であった。

現在の裁判所で進行しつつある事態もこれと似ている。教える側の質の低下に伴い、徒弟制的教育システムの長所が失われ、短所ばかりが目立つようになってきているのである。キャリアシステムが劣化した原因の一つとしてこのことを指摘する先輩は多い。

本来であれば、徒弟制的教育システムに代わる、また、司法研修所による中央集権、上意下達的で、内容も丸暗記中心の硬直した教育制度に代わる、より質が高くて開放的な教育システムの樹立、あるいは、最低限その方向に向けての司法研修所制度の抜本的な改革が必要であろう。

裁判所による取材統制と報道コントロール

裁判所当局による取材統制についても、重要なことなので、触れておきたい。

民主国家においては、その基盤として、国民の「知る権利」が重視されている。当然、権力の側からのメディアに対する姿勢についても、開かれたものであることが望ましいであろう。裁判所の場合には、たとえば学者に対するそれと同様の中立的な内容の取材に関する限り、個々の裁判官についても、大学に準じる程度、学者が取材に応じる場合に準じる程度の開放性、個々の裁判官の裁量と自己責任の原則が認められてよいはずである。

しかし、ここでも、事務総局は、水も漏らさぬ統制を行っている。

たとえば、私自身、ある所長から、新聞記者からの取材を断れ、しかも、「自分自身の判断である旨を告げた上で」そうせよと命じられたことがある。この時はさすがに私も頭に血が上り、一戦交えようとしたのだが、ある先輩から、「瀬木さん。あんな人、瀬木さんが本気で相手をするような人じゃないよ。ばかばかしいからやめなさいよ」とさとされ、何とか思いとどまったのである。結局は冷静に話し合った末取材に応じたのだが、所長は、「取材には応じてもよいが、自分のこと以外は一切話してはならない」と、水に入ってもよいが濡れてはならないというに等しい捨てぜりふを吐いていた。

また、ある東京地裁の所長代行が、私に一言も告げることのないままに、独断でか、あるいは高裁事務局長や最高裁判所事務総局広報課と相談の上でか、それはわからないが、同様の取材を断ってしまったこともある。後から記者に告げられてその事実を知った。

前者は私の筆名の書物について、後者は私の論文と学会報告の内容についての取材であった。ことに、後者については、純粋に学術的な内容についての取材にすぎないのにそのような処置をされたことと、その所長代行を信頼できる人物であると思っていたこととから、味わった失望は大きかった。

所長や所長代行が裁判官に対する取材に神経をとがらせるのは、前記のように、こうした事柄についてまで事務総局や高裁事務局が完全に取り仕切っており、勝手に取材を許したりすれば自己の大きな失点につながるからである。そして、裁判官に無理強いをすれば前者の例のように波風が立ちかねないから、後者の例のように本人に告げることすらなく断ってしまうということも起こるわけである。

私については、取材のみならず、外部からの講師依頼についても同様に勝手に断られた例がある。私のような単なる自由主義者の学者裁判官でさえ要注意人物のリストに入っていた可能性があることを示す事実である。

また、これはバブル経済崩壊後の日本におけるシステム全般の問題として指摘されている事柄の一環でもあるのだが、日本の裁判所は、閉鎖的な一枚岩の世界であることから、新たなシステム模索の動機が弱く、そのために、受ける衝撃や批判に対して、実際にはいよいよ硬く凝り固まっているにもかかわらず、外向けには迎合的なイメージやメッセージだけを送り続ける傾向がある。

この点については、時々テレビや新聞にみかける「開かれた裁判所」というイメージの報道も、実際には、事務総局広報課が関与した映像や記事をそのまま流すことによって「作られて」いる側面が大きいことは、よく認識しておいていただきたい。私が記憶している限り、そうした番組や記事の中で何が映されてよく何が映されてはならないか、何が書かれてよく何が書かれてはならないかについては、前もって事細かな検討とチェックが行われている。これは、たとえば、旧ソ連における海外からの取材に対する対応によく似ている。ソルジェニーツィンが告発を行うまで、強制収容所の実態がどのようなものであるかについては、海外にはほとんど知られていなかった。海外のジャーナリストや文化人が視察等で訪れるときだけは、囚人たちに十分な食事、衣服、休養が与えられ、視察者たちはそれを鵜呑みにして帰っていったのである。裁判所の取材に当たるジャーナリストも、自分が同じようなことをし、事務総局広報課の下請けに等しい報道をしていないかについては、よくよく内省していただきたいものである。

「檻」の中の裁判官たち＝精神的「収容所群島」の囚人たち

ここで、最高裁判所事務総局の支配、統制の特色について論じておきたい。

それは、たとえていえば「目に見えない檻」のようなものである。限られた範囲に安住している限り、その檻は見えないし、その鉄格子が気になることもない。しかし、いったん立ち上がり、みずからの信じるところに従って裁判や研究を行おうとすれば、たちまち、見えなかった鉄格子にぶつかることになる。

近年、裁判官をやめる人が昔に比べて多くなっていると聞く。それも、比較的優秀な裁判官がやめていく傾向が強いといわれる。統計があるわけではないから具体的な数を示すことができないのが残念だが、私も、確かにそういう傾向はあると思う。

少なくとも、「司法研修所時代の友人であった裁判官たちから、退官して弁護士になりたいがどうだろうかとか、その場合適切な事務所を紹介してもらえないだろうかなどといった相談を受けることが、最近は多くなりましたね」という言葉を、私は、複数のヴェテラン弁護士から聞いている。私自身も、大学人に転身してから後、「瀬木さん、よかったね。僕も、今だったらもう絶対に任官しないよ」という言葉を、複数の裁判官からもらっている。最高裁判所調査官や事務総局課長経験者についてさえ近年は裁判所に見切りを付けて退官する人が出るようになっているのも事実である。

なお、私自身は、前記のとおり、いつか研究者に転身したいというのが既に一五年来の希望であり計画であったが、それにしても、民事保全法から民事訴訟、民事訴訟法や司法制度論に研究の主要な分野を移して以来の裁判官生活最後の一〇年間、この見えない檻の存在をつくづく思い知らされ、その結果、研究、教育、執筆に専念したいという思いが急速に募っていったことは確かである。

日本の社会には、それなりに成熟した基本的に民主的な社会であるにもかかわらず、非常に息苦しい側面、雰囲気がある。その理由の一つに、「法などの明確な規範によってしてはならないこと」の内側に、「してもかまわないことにはなっているものの、本当はしないほうがよいこと」のみえないラインが引かれていることがあると思われる。デモも、市民運動も、国家や社会のあり方について考え、論じることも、第一のラインには触れないが、第二のラインには微妙に触れている。反面、その結果、そのラインを超えるのは、イデオロギーによって導かれる集団、いわゆる左翼や左派、あるいはイデオロギー的な色彩の強い正義派だけということになり、普通の国民、市民は、第二のラインを超えること自体に対して、また、そのようなテーマに興味をもち、考え、論じ、行動すること自体に対して、一種のアレルギーを起こすようになってしまう。不幸な事態である。

これは、日本の論壇におおむね右翼に近い保守派と左派しかおらず、民主社会における言論の自由を守る中核たるべき自由主義者はもちろん、本当の意味での保守主義者すら少ないということとも関係している。

そして、日本の裁判所は、先の第二のラインによって囲まれる領域がきわめて狭く限定されている社会であり、また、第二のラインを超えた場合、あるいはそれに触れた場合の排除、懲罰、報復がきわめて過酷な社会なのである。

ソルジェニーツィンの小説やドキュメント、ショスタコーヴィチの音楽や自伝（S・ヴォルコフ編、水野忠夫訳『ショスタコーヴィチの証言』中公文庫）は、裁判官を務めながらそれらに接すると、実に身につまされるものがある。日本の裁判所は、実は、「裁判所」などではなく、精神的被拘束者、制度の奴隷・囚人たちを収容する「日本列島に点々と散らばったソフトな収容所群島」にすぎないのではないだろうか？

その構成員が精神的奴隷に近い境遇にありながら、どうして、人々の権利や自由を守ることができようか？　みずからの基本的人権をほとんど剝奪されている者が、どうして、国民、市民の基本的人権を守ることができようか？

これは、笑えないパラドックスである。

そして、裁判所がそのような組織となっているために、第4章で論じるような何らかの困難な法的、価値的問題を含む事件について、ことに行政や立法に対する司法のチェック機能が問われるような事件について、裁判官がそれなりに自分の考え方によった、つまり、日本の裁判官の裁判としてはかなり「思い切った」判断を行いうる場合は、以下のとおり非常に限られたものになってくる。

第一は、頂点、つまり最高裁判事に昇り詰めた人々である。しかし、この人たちの判断が、よくても体裁を繕《つくろ》った限界の大きいものである場合が多いのは、第2章で述べたとおりである。第二に、もう現在のポストから上には行かないが転勤もないと事実上決まった高裁の裁判長である。東京高裁に意外に果敢な判断が出ることが多いのはこれが大きな理由である。第三に、何らかの理由によりやがて退官すると決意した裁判官の判断である。もっとも、これについては、そのような段階で裁判官が前記のような事件にめぐり合い、また、果敢な判断を行うだけの気力が残っていた場合ということになる。そして、これら以外のケースはかなりまれであるといってよいだろう。

こうした事態は健康的なものではない。多くの場合、裁判官は「みずからの良心」に従った裁判をしていないことになるし、また、先に例を挙げたような限られた場合についても、基本的には評価すべき判断が多いとしても、時として、パフォーマンス的な傾向を帯びたり、個人的な考え方や価値観をそのままむき出しにして、極端に走ったり、バランスの悪いものになったりする危険性もまたあるからだ。東京高裁の特定の部では、良くも悪しくもどんな判決が出るか全く予測がつかず、常にひやひやものである、などといった感想を弁護士から聞くことがあるが、こうした傾向の一つの現れである。

つまり、裁判を行う裁判官の精神が圧迫されていると、さまざまな意味で、本来あるべき適正、公正な判断の形がゆがめられるのである。

日本国憲法第七六条に輝かしい言葉で記されているとおり、本来、「すべて裁判官は、その良心に従い独立してその職権を行い、この憲法及び法律にのみ拘束される」ことが必要である。しかし、日本の裁判官の実態は、「すべて裁判官は、最高裁と事務総局に従属してその職権を行い、もっぱら組織の掟とガイドラインによって拘束される」ことになっており、憲法の先の条文は、完全に愚弄され、踏みにじられている。

「檻」の中の裁判官たち＝精神的「収容所群島」の囚人たち、という私の比喩の意味が、おわかりいただけたであろうか？　あなたが裁判所の門をくぐるとき、あなたを裁く裁判官は、実は、そのような人々なのである。

裁判所の官僚化の歴史とその完成

ここで、日本の裁判所の官僚化の歴史について、簡潔に触れておこう（詳細が知りたい方には、山本祐司『最高裁物語』〔講談社＋α文庫〕をおすすめする）。

日本の裁判所の組織は、これまでに論じてきたとおり本来民主的なものとはいえないが、戦後は、それなりに新しい方向が模索された時期もあり、一時は、リベラル派の裁判官が最高裁の多数派を占めたこともあった。

ところが、最高裁判決のリベラル化、ことに公務員の争議行為を刑罰から解放する方向の判決が出たことに大きな危機意識を抱いた自民党は、右翼的な考え方の持主である石田和外《かずと》氏を最高裁長官に据えた。石田長官（任期は一九六九年から一九七三年まで）は、自民党の思惑どおり、当時の最高裁判所における多数派であったリベラル派を一掃する人事を行い、また、ブルーパージを推進した。

そして、石田長官に始まる最高裁の右傾化、保守化を完成させたのが、この書物でも何度も名前が出ている矢口洪一長官である。

しかし、矢口体制（任期は一九八五年から一九九〇年まで）が終わった後、こうした動きは一段落した。言い換えれば、その後約二〇年間の間に、裁判所には、いくらでも軌道修正の機会があった。しかし、そのような試みは何ら行われることなく、裁判員制度導入決定後はむしろ支配、統制が強化され、竹崎博允《たけさきひろのぶ》体制（任期は二〇〇八年から二〇一四年まで）の下では、再び、一枚岩の最高裁支配、事務総局支配、上命下服、上意下達のシステムが、すっかり固められてしまった。

また、石田長官の時代以降に左派裁判官の排除に始まった広義の思想統制・異分子排除システムも、竹崎体制においてその完成をみたといってよいと思われる。

こうした統制も、初期のブルーパージの時代は別として、その後は、きわめて巧妙かつ隠微な形で進められてきた。たとえば、私の同期の裁判官たちは、半数程度、三〇名くらいが全国裁判官懇話会（青法協〔青年法律家協会〕裁判官部会に比べると左派の色合いが薄い裁判官の団体。二〇〇七年解散）に属していたが、やがてほとんど全員が脱会してしまったと記憶している。

単なるリベラル、自由主義者であり前記の団体にも所属していなかった私までが、最後のころには要注意人物のリストに含められていた可能性があることの背景には、こうした事情があると思われる。つまり、左派ないしその心情的シンパサイザーはほとんど根絶やしにした（転向させた）し、残っている人々にももはや影響力はなくなったから、次には、自由主義者や学者タイプをも含め、自分でものを考え、意見を言う（最高裁公認の考え方とは異なる意見を主張する）連中を、あるいはむしろそのような連中をこそ、排除しよう、排除してしまえ、ということである。

こうなると、もはやイデオロギー的な思想統制のカテゴリーを超えており、旧ソ連型の共産主義体制や全体主義体制と本質的に変わりのない徹底的な「異分子排除システム」になっていると評価すべきであろう。しかし、そうした発想は、現在の裁判所であれば十分にありうるところだし、第2章で論じたとおり、上層部の人事においても、これまで以上に熾烈に貫徹されている。

第6章でも論じるとおり、二〇〇〇年代の司法制度改革が、日本の裁判所・裁判官制度の問題の根源となっている最高裁判所事務総局の多様でかつみえにくい裁判官支配・統制、そして、上命下服・上意下達の徹底という問題を素通りし、事務総局中心体制を無傷のまま温存してしまったことは、大きな過ちであったというほかない。

現在の裁判所が、これまでになく息苦しい組織になっているというのは、決して私だけの思いではない。現在の裁判所は、司法行政を通じて裁判官支配、統制を徹底した矢口体制のコピー、リサイクルであると評した裁判官、元裁判官の先輩は、何人も存在する。コピーでありリサイクルであるというのは、それが、その内容は大いに問題であるとしてもなお矢口体制にもかすかに存在した一定のヴィジョンすら欠いていると感じられるからである。

一言でいえば、それは、内に対しては理念なき絶対的統制、外に対しては可能な範囲での迎合、さらに、情実人事によって脇を固め、地家裁裁判長の人事や新任判事補の採用についてまでその意向を貫徹するという、醜悪なシステムであり、そのような意味でも、旧ソ連のような全体主義的共産主義体制に非常によく似ているのである。

そして、前記のとおり、右のような根本的な問題に関する限り、ことは竹﨑氏や竹﨑体制だけの問題では全くない。それは、日本の裁判所が歴史的、構造的に抱えているきわめて根の深い、また、及ぶ範囲の広い問題なのである。そして、そのような裁判所の性格は、トップが変わっても、刑事系裁判官の一時的な支配の時代が終わっても、何ら変わるものではないし、少数派、良識派裁判官個々人の善意によって克服できるような性質のものでもないのである。

第4章

誰のため、何のための裁判？

――あなたの権利と自由を守らない日本の裁判所

統治と支配の根幹はアンタッチャブル

それでは、これまでに論じてきたような裁判所、裁判官の裁判には、どのような問題があるのだろうか？　私の裁判官としての経験と学者としての研究を踏まえ、なるべくわかりやすく論じてみたい。

日本の裁判の状況をみると、最高裁判決からして、問題が大きいと感じられる。

たとえば、人権に関する裁判所の感度の高さを示す指標ともいえる違憲判断の数が、最高裁判所が憲法判断を行いうる場合をみずから非常に狭く限定してしまったこともあって、戦後七〇年近くを経てなお微々たるものであり、そもそも、日本に本当の意味での憲法判例があるといえるかどうかさえ疑問といえるくらいにわずかであることを始めとして、一票の価値の格差問題に関する感覚の鈍さにしても、ポスティングを住居侵入罪で処罰することにしても（二〇〇八年〔平成二〇年〕四月一一日）、元々被害の完全回復からは遠い算定方法によっている交通事故損害賠償額についてその主要部分である逸失利益を年五％という高率で中間利息控除している実務をそのまま追認することにしても（二〇〇五年〔平成一七年〕六月一四日）、空港騒音について、前記のとおり、「空港騒音の民事差止めは、いかに騒音が大きくても（たとえ難聴のような重大な健康被害が生じても、と読める）、また、夜間だけの限定的差止めであっても許されない。行政訴訟ができるかどうかについては当方は関知しない」といった、それこそ人権を踏みにじる判決を平然と下すことにしても（一九八一年〔昭和五六年〕一二月一六日〔大法廷〕）、国民、市民の大多数が本当に是認していることなのであろうか、疑問を禁じえないのである。

以下、簡潔に解説を加えていこう。

法理論というものは、純理にとどまらない結論正当化のための理屈という性格を必ずいくぶんかは含んでいる。社会・人文科学の科学性に限界があるのはこうしたことが一つの理由なのだが、人々の行動を規整する規範を研究する学問である法学については、ことにこの限界が大きい（実は、これは、法学者の多数派もあまりよく認識していない、あるいは認めたがらない事柄である）。悪い法理論は、最初に結論を決めてただそれを正当化するために構築されていることが多い。いわゆる「初めに結論ありき」の議論なのだが、法理論については、難解な用語を用い、かつ、巧妙に組み立てられていることから、意外にも、法律の素人である一般市民をあざむくためには結構効果的なのだ。そのような法理論の欠陥を見抜くには、それを正確かつ簡潔に要約するとともに、日常的な言葉に翻訳してみることが大切である。

まず、一票の格差に関する一連の判例である。その流れと理由付けをみれば、本当は乗り気ではないのだが、国民、市民の批判を受け、国会議員たちの顔色をおそるおそるうかがいながらやっと重い腰を上げているという傾向は明らかというほかない。そもそも、衆議院一対二（衆議院議員選挙区画定審議会設置法三条が根拠になる）、参議院一対五などといった、最高裁がガイドラインとしてきた比率にだまされてはいけない。民主制の根幹を成す選挙権の平等は、国会に裁量権が認められるような事柄ではなく、また、アメリカ上院のように州の連邦という国の成り立ちが根拠となっているのであればともかく、日本で都道府県を単位として選挙区を決めることに何らの合理性も必然性もなく、私の意見をいえば、本来、違憲のラインは、一対一・一とか一・二といったところに引かれるべきものなのである（いわゆる「一人一票の原則」）。事実、アメリカでも、イギリスでも、基本的にこうした原則が徹底されている。なお、日本の下級審の判例も、もちろんみるべき判断もまれにはあるが、全体としてみれば、おおむね、こちらは最高裁の顔色をうかがいながら、前記の原則に現れている考え方からは遠いところで、最高裁の引いたラインとその理由付けに忠実に寄り添った判断を行っているにとどまる。読者の方々には、先の「原則」をよく認識していただきたい。要するに、この点に関する日本の状況は明らかに憲法違反なのであり、一人一票の原則が実現されない限りそれは変わらないということだ。

次に、ポスティングについては、自衛官官舎に自衛隊イラク派遣に反対する旨のビラをまいた行為が処罰されたものである（なお、第一審は無罪としていた）。これに関しては、そのような行為は穏当を欠くのではないかと考える読者もいるかもしれない。しかし、実は、自衛官官舎へのビラ配布はそれまでにも継続して行われていたにもかかわらず何ら問題にされたことはなかったのであり、数あるポスティング行為の中からこれだけが狙い撃ちにされたことも明らかであり、また、何よりも、こうした行為は、これが憲法問題でなければ何が憲法問題なのかといっていいくらいの、まさに表現の自由に関わる典型的な行動であることをも考えるべきなのである。

単なるポスティングを住居侵入罪で処罰するといった事態は、たとえばヨーロッパの民主国家であれば、人権侵害として人々の間に大きな危機感を引き起こす事柄ではないかと思う。しかし、日本人の一般的な意識は、「あれは左翼の過激な人たちに起こることであって、自分には関係ないから、かまわない」ということのようである。

しかし、実際には、そうではないのだ。明日は、あなたの息子や娘がたまたま市民運動に共鳴してポスティングを手伝ったとたんにつかまるかもしれない。また、同じような事態の進行により、あなたの親しい隣人であるジャーナリストや思想家（左派とは限らない）がフレームアップ（でっち上げ）、あるいは通常であれば起訴も処罰もされないような形式的な行政法規違反等によって逮捕、長期勾留され、ライターとしての生命を絶たれるかもしれない。要するに、自由や権利については、「誰か」のそれが今日侵されたなら、「明日は我が身」であることをよくよく認識しておかなければならないのである。

法律専門家の眼からみると、こうした意味では、日本の国民、市民は、がけっぷちの空き地で無邪気に遊んでいる子どもたちのように見えることがある。そのがけっぷちにサリンジャーの小説『ライ麦畑でつかまえて（ザ・キャッチャー・イン・ザ・ライ）』の主人公のような心やさしい監視人がいるとは限らないのに。

また、いずれにせよ、私が衝撃を受けたのは、前記の判決文を見ても、憲法上の論点につき判事たちの誰一人として本気で考慮した形跡がなかったことである。結論はおろか、まともに憲法問題に取り組んで判断しようという姿勢すらないのだ。

次は損害賠償額の算定である。前記のような大きな中間利息控除（年五％の運用利益が出ることを前提として利息による将来の増額分を逸失利益から控除する）の結果損害額は大幅に削られ、遺族の子弟は満足に学校にも行けないといった状況にある。そんなことはないだろうとお考えの読者のために、試算を行ってみよう。あなたが三五歳、年収四〇〇万円、妻子のあるサラリーマンであるとする。あなたの死亡によって遺族が得られる逸失利益は、「四〇〇万円×〇・七（あなたはいなくなるのだから、まずその生活費分が控除される）×一五・八〇三（死亡後の就労可能年数三二年に対応する、中間利息控除のために近年一般的に用いられている係数であるライプニッツ係数）＝四四二四万八四〇〇円」となる（なお、将来の昇給の可能性については、公務員や大企業のサラリーマンのように給与規程、昇給基準が確立されている場合でないと、考慮してもらうことは難しい）。あなたの妻子が得られる損害賠償額は、これに死亡慰謝料二八〇〇万円とほかに若干の金額が加算されたものであり、また、ほとんどの場合にはあなたの過失も何割かあると認定されてしまうから、現実には、過失割合分がさらに差し引かれることになる。いかがであろうか？　あなたの妻子は、その金額で、何年間生活できるだろうか？

ここでも、「明日は我が身」ということを考えていただきたいのである。裁判所と保険会社の「常識」を疑わずにそのままに従っていると、こういう結果になる。民法四〇四条との関係をいう裁判官は多いが、遅延損害金の法定利率を年五％とすることが、論理必然的に将来の損害の中間利息控除を同じ割合で行うことに結び付くものではないと思う。もう少し実質的に適切な、被害者にやさしい解決を考えることもできたのではないか？　交通事故被害者という少数者の犠牲において保険会社やその顧客の利益を図ることになるという結果についての配慮、考慮が全くうかがわれない。むしろ、大企業である保険会社に対して、大きな「理解」と「配慮」を示してあげた判決といわなければならないであろう。

最後が空港騒音差止めである。確かに、空港は一般国民が利用するものであり、無条件に差止めが正しいということにはならないかもしれない。しかし、逆に、たとえば睡眠を妨げるような深夜の大きな騒音まで空港周辺の住民が甘受しなければならないものではなく、両者のバランスを取った適切な線引きが必要なのである。だが、前記の大法廷判決は、およそ差止めは認めないという乱暴なものであり、空港差止め訴訟は問答無用で切り捨てるという姿勢が明らかである。実は、この事件については、第一小法廷において限定的差止めを認める方向が決まっていた。ところが、なぜかこれが大法廷に回付されることになり、前記のような結論に至ったのである（毎日新聞社会部『検証・最高裁判所——法服の向こうで』毎日新聞社）。その背後に政治的な動きや思惑があったことは想像に難くない。

　この判決は、差止めを一切認めない理由付けに「航空行政権」に関わる事柄だからという理屈を用いているが、これについても学者からは批判が強い。こんな論理を用いれば、国の事業はほとんどが公権力の行使だということになってしまい、一律に民事訴訟の対象から外されてしまうことになるからだ。また、「行政訴訟ができるか否かはともかく」という言い方も実に欺瞞的である。どのような行政訴訟ができるのかは一切明らかでなく、実際、学者たちも、それは難しいと考えており、砕いていえば、「行政訴訟については、さあね、知らないよ（知らねえよ。知ったこっちゃねえよ）」といっているに等しいからだ。さらに、差止めを全く認めない以上被害が継続することは明らかであるにもかかわらず将来の損害賠償請求を一切否定するというのも問題が大きい。本来は、将来の損害賠償も一定期間、たとえば数年間の分を認めた上で、もしも国が損害を減少させた場合には、国のほうに民事執行法三五条の「請求異議の訴え」を提起させた上でその分の強制執行を止める、という形で事案を解決するのが当然なのである。被害が過去のものとなった時点で被害者のほうから再度損害賠償請求を起こさなければならないというのは、理論（民事訴訟法学でいうところの「提訴責任の適正な分配の原則」）にも、正義にも反する。なお、このように被害者に損害賠償について再度の訴えを余儀なくさせることについては、差止めを問答無用で認めないという態度と相まって、全国各地における関連訴訟提起押さえ込みの意図が露骨に透けてみえる。

第1章で言及した、米軍基地に関する騒音差止請求を主張自体失当として棄却した最高裁判決（一九九三年〔平成五年〕二月二五日）も、大阪空港判決と同様、木で鼻をくったような内容である。米軍の飛行は国の支配の及ばない第三者の行為だから国に差止めを求めるのは主張自体失当であるというのだが、そもそも、アメリカと日米安保条約を締結したのは国である。つまり、国が米軍の飛行を許容したのである。また、条約ないしこれに基づく法律の定めがないからできない、というのもおかしい。適切な法律がないのであれば国にはそれを作る義務があるはずだし、また、日米地位協定（日本国とアメリカ合衆国との間の相互協力及び安全保障条約第六条に基づく施設及び区域並びに日本国における合衆国軍隊の地位に関する協定）第二条二項には「両国政府は、一方の要請があれば、取決めを再検討し、施設の返還や新たな提供の合意ができる」旨が規定されている以上、つまり、施設の返還まで求めることができる以上、国がアメリカに対して飛行の態様に関する協議の申入れをできないはずがないからである。さらに、憲法秩序が条約に対して優位にあることは憲法学の通説であり、憲法上の基本的人権、人格権の侵害に関わる事柄については、国は一層前記のような行為を行うべき義務がある。アメリカのやることだから国は一切あずかり知らないというのであれば、何のために憲法があるのか？　それでは、植民地と何ら変わりがないのではないだろうか？　なお、安保条約については、日本の政治家が、国際情勢に関する明確な展望を欠いたために、本来であればする必要のない妥協を重ねてきた事実が、やはり機密指定を解かれた米公文書により明らかにされている（外岡秀俊ほか『日米同盟半世紀——安保と密約』朝日新聞社）。

以上の私の議論は、自由主義者である学者（学者はほとんどが自由主義者だと思うが）としてのものであり、何らのイデオロギー的な背景はない（なお、空港訴訟に関する部分は、私たちが沖縄で考えていた理屈ではなく、その後私が考えてきた結果を簡潔にまとめたものである）。また、学者の意見としても、比較的先鋭な部分もあるかもしれないが、決して特異なものではないと思う。言い換えれば、学者の常識の範囲内の分析であり意見なのである。裏を返せば、こうした、統治や支配の根幹に触れる事柄に関する最高裁の判断、また、裁判官一般の考え方が、いかに権力寄りにバイアスがかかっており、また揺るがないものであるかということが、おわかりいただけたのではないかと思う。

なお、下級審判例が、以上のような法律上の争点に関して私が論じたような方向に進んでいく可能性も、現在の裁判所システムの下では、あまり高いとはいえない。そもそも平均的な裁判官は私が論じたようなことはおよそ考えもせず、受け入れもしないだろうし、また、そのような方向が望ましいと考える裁判官がわずかにいたとしても、相当の覚悟をしない限り、新たな方向へは踏み出せないだろう。こうした法律問題に関して果敢な判断を行った裁判官は、前記のとおり、おそらく無傷ではいられず、いつどこでどのような報復を受けるかわからないからである。

及び腰と追随の民事裁判

たとえば名誉やプライヴァシーと表現の自由が衝突する訴訟のように、あるいは労働訴訟のように、広い意味での「価値」に関わる事案、行政訴訟や国家賠償請求訴訟を始めとする権力のチェックに関わる事案、大企業に対する消費者の請求や医療過誤損害賠償請求等の、当事者双方の有する力や情報に大きな差のある事案、原告によって新たな法的判断が強く求められている事案等について裁判官がどこまで積極性を発揮すべきかは、人によって考え方の分かれる問題である。いずれの側にもそれなりの言い分や正当性があることが多いからだ。また、裁判官は、国民の選出した議員によって構成される立法機関の作る法律を原則としては尊重すべきであるということに、異論を唱える学者もいないだろう。

しかし、たとえば法律についてみても、その実質は官僚が作っているに等しい場合が多く、また、その際に政治家、官僚、関係圧力団体等の権益が第一に考えられている例も少なからずあることを考えるならば、つまり、建前の上では立法府の充実、成熟を進めるのが本筋であるとしても、それが早急には果たされず、また、政治家や立法準備作業を行う官僚とその関係する世界の癒着的な体質が一向に改善されないのならば、司法のチェック機能はより先鋭に発揮されるべきであろう。私は、原則論はともかく、物心ついて以来五〇年間みてきた日本社会の有様をみる限り、少なくとも現在では、国民、市民の成熟度に比較して官僚や政治家のそれが低過ぎる状況となっており、したがって、司法の積極性は発揮されてしかるべきであると考える。

また、欧米（アメリカは判例法国といわれるが、実際には制定法も非常に多い）では、法規の解釈の幅には限界がある反面、それを超えた部分については、たとえば条理や慣習法を根拠とした積極的な判断が下されることが多い。異なる価値が鋭く対立する前記のようなタイプの訴訟においては、裁判官のそうしたクリエイティヴな法創造機能が期待されているのである。

それでは、日本の民事裁判の現状はどうだろうか？

私は、三三年間の裁判官生活における見聞からして、たとえばアメリカの裁判官、ことに連邦裁判所の裁判官に比べると、日本の裁判官が、先のような点に関し、概して、及び腰、おっかなびっくりであり、難しい判断を避けようとする、あるいは単に先例に追随しようとする傾向が強いことは否定できないと思う。もちろん、あくまで一般的な傾向ということであるが。

そうしたことは、判例となって法律誌に掲載される一握りの判決をみていただけではあまりよくわからないかもしれない。しかし、日本の裁判官は、その日常的な事件処理において、新たな法理を立てたりその具体的なメルクマールを示したりする判決をあまり書きたがらないし、第1章で触れた仮の地位を定める仮処分命令手続における決定（差止めや法律上の地位の確認が典型的）についても果敢な判断をためらう傾向が非常に強いことは、私の経験からして間違いがないと考える。もちろん、私は、何でも差止めを行う裁判官がよいなどというつもりはない。差止めが適切であり正当なときにはそれをためらわないことが必要だといっているだけである。

法解釈から法創造への移行は実際には虹の色の移り変わりと同様に微妙であって明確に線が引けるようなものではない。その時々に直面する事案、問題点について、裁判官は、当たり前の解釈からかなりの程度に思い切った法創造にまで至る広い領域の中に適切なポイントを選択すべく、自覚的で内省的な決断を行わなければならない。

しかし、微妙な価値判断に関わる困難な法律問題、ことに社会の現状に異議を唱える方向のそれに直面したときに、以上のような態度でそれに臨む裁判官は、日本には多くない。大多数の裁判官は、ただ先例に追随する、棄却、却下の方向を取る、判決を書かなくてもよい和解という手段に頼ろうとするなどの道を選ぶ。

また、日本の裁判官の判決は、長くて細かいがわかりにくく、しかも、肝心の重要な争点に関する記述がおざなりであったり、形式論理で木で鼻をくくったように処理されていたりすることが多い。認定事実と法理の結び付きがあいまいで、判断のメルクマールが明らかでないことも多い。要するに、のっぺりした官僚の作文という傾向が強い。これは、法学教育のあり方にも問題があるのだが、根本的には、裁判官に真摯《しんし》に事案にコミットしようという心構えが乏しく、また、当事者のためにではなく、上級審にみせるために、あるいは、自己満足のために判決を書いているという側面が大きいことによる。

なお、裁判官が困難な法律問題にみずから主体的に取り組むことを避けたがる傾向については、たとえば、東京地裁破産再生部の裁判官が、倒産法に関する難しい法律問題について、「何か出してもらえませんか？　何か出してもらえるとありがたいんですけどね」といった言い方で暗に学者の意見書提出を促すことがあるという話を弁護士から聴いた例もある。この言葉については、私は、これを裏付ける話を別の方面から聴いたこともあり、おそらく事実であろうと考える。もちろん、こうした困難な法律問題について当事者の側から積極的に学者の意見書を提出する場合はあるが、法律問題については、本来、自分で調べ、考えるのが裁判官の役割であることを考えるならば、当事者に対しては、その論点に関する準備書面（口頭弁論準備のための主張等の記載書面）の作成や文献の調査、提出を求めるにとどめるのが常識的であり、右のような露骨な「促し」は避けるべきものであろう。

和解の強要、押し付け

和解の強要、押し付けも、日本の民事裁判に特徴的な、大きな問題である。

日本の裁判所における和解は、当事者が交互に裁判官と面接し、また、かなりの期日を重ねることが多いが、これは決して国際標準ではない。アメリカを始めとして多くの国では、和解は必ず当事者双方対席で行われるし、裁判官が長時間かけて当事者を説得するなどといったこともない。裁判官が当事者の一方ずつと和解の話をすること自体が重大な手続保障違背である、つまり、手続上の問題があるとする考え方が普通である。相手方はその内容を全く知りえないからである。

日本では、近年、裁判迅速化の要請を背景に、和解礼賛の考え方が学者の間にさえ強まっているが、ここには大きな落とし穴がある。

前記のとおり、日本の裁判官には、重要な法律問題や新しい法律問題を含む事件において判決、ことに新しい判断を示すことに対する及び腰の姿勢が強く、しかも、この傾向は、近年むしろ強まっているからだ。効率よく事件を「落とす」ことだけを至上目的とする事なかれ主義の事件処理が目立つようになっている。弁護士から「裁判官による和解の強要、押し付けの横行」をいう声を聴くことも多い。

一方、弁護士の側にも、敗訴のリスクや強制執行困難のリスクを恐れ、また、裁判官同様和解で処理できる事件は和解で早期に処理してしまいたいという動機が働きうることも手伝って、当事者が必ずしも望んでおらず、納得もしていない和解を勧める傾向がないとはいえない。

しかし、訴訟上の和解が本質的には「当事者間の」契約、「当事者の」訴訟行為であるのは民事訴訟法理論のイロハであり、たとえばアメリカでは、「当事者の意向に沿わない和解は絶対に行ってはならない」ことが、弁護士倫理の基本中の基本とされている。

訴訟が好きな国民などいないが、ことに、日本人には比較的争い事を好まない人々が多い（元裁判官の法学者である私だって、降りかかった火の粉は仕方がないから払うが、できれば争い事は避けたいと思っている）から、よほどのことがない限り訴訟という手段には訴えない。逆にいえば、平均的な日本人が訴訟を起こすことを決断する場合には、どうしても裁判所に理非の判断を付けてもらいたい、そして最後まで戦いたいという場合が比較的多いはずである。

ところが、訴訟を起こしてみると、はしがきに記したとおり、ある程度審理が進んだ段階で、裁判官から、強引に、かつ延々と和解の説得を受ける場合がきわめて多いのである。だから、あなたが裁判所で和解に臨む際には、日本の裁判官の前記のような傾向をよく認識しておく必要がある。すぐれた裁判官であれば、的確に自己の心証とその根拠を説明し、和解の成立にはこだわらず、その時間や回数にも節度を守る。もしもそれと異なる言動を示す裁判官ならば要注意である。弁護士についても同様のことがいえるが、裁判官の場合以上にその誠実さは見極めにくい場合が多いだろう。委任する前に弁護士の説明をよく聴き、その資質と人柄を冷静に把握し、信頼できる弁護士を選択していく必要がある。

このように裁判官が和解に固執するのには二つの理由がある。

一つは要するに早く事件を「処理」したい、終わらせたいからである。裁判官の事件処理については毎月統計が取られており、新受件数が既済件数を上回り、いわゆる未済事件が増加すれば「赤字」となって「事件処理能力」が問われるし、手持ち件数も増えるからみずからの手元、訴訟運営も苦しくなってくる。また、司法制度改革に伴い二〇〇三年に成立した裁判の迅速化に関する法律の第二条によって第一審の訴訟手続は二年以内のできるだけ短い期間内に終局させるべきものとされていて、これがガイドラインとなっていることもあり、裁判官は、ともかく早く事件を終わらせることばかりを念頭に置いて仕事をする傾向が強まっているのである。

確かに、裁判に長い時間がかかるのは好ましいことではなく、迅速も重要である。しかし、裁判で何よりも重要なのは疑いもなく「適正」であり、ただ早いだけの裁判は、赤子ごとたらいの水を捨てるようなものである。にもかかわらず、日本の裁判官は、この原則を忘れがちになり、ともかく安直に早く事件を処理できて件数をかせげる和解に走ろうとする傾向が強いのである。

もう一つの理由は、判決を書きたくないからである。これには、前記のとおり、困難な判断を行うことを回避したいという場合もあるが、それはまだいいほうで、単に、判決を書くのが面倒である、そのために訴訟記録をていねいに読み直すのも面倒である、また、判決を書けばそれがうるさい所長や高裁の裁判長によって評価され、場合により失点にもつながるので、そのような事態を避けたいなどの、より卑近な動機に基づく場合のほうが一般的である（なお、ことに高裁の評価については、客観的とは限らないという問題もあるが）。後に述べるように最近は新受件数が減少しているにもかかわらず、和解の強要、押し付け傾向が改善されないのは、こうした事情による。

日本の弁護士は長くて細かい判決を好む傾向が強いが、その傾向が結局こうした結果を生んでいることをも考えるべきであろう。第一審の判決は、結論と結論を導くに至った理由をわかりやすくかつ的確に示せばそれで足りるとの割り切りをしたほうが、裁判の運営全体がより健康的なものになるのではないだろうか？　また、弁護士はともかく、制度利用者である国民、市民も、多くはそのように考えるのではないだろうか？　なお、これは個人的な見解ということになるのかもしれないが、私は、きちんとした審理、争点整理を行っていれば、それほど長くはなくとも、的確かつ論理的な判決は書けるはずであり、また、判決を書くのにそれほど長い時間もかからないはずであると考えている（私のケースブックに収めた判決のほとんどについても、それほど長い時間はかけていない）。

私の経験から一つ補足しておきたい。

私は、裁判官として、全体としては、まずまずきちんとした判決を出し、そのような和解、訴訟指揮を行い、国家賠償請求事件等についても偏見なく取り組んできたと思うが、判決で一つ、和解で一つ、悔いを残した事件がある。

判決のほうが、第1章で触れた嘉手納《かでな》基地騒音公害訴訟事件である。和解のほうは、特別に大きな事件ではなく、中学生の少年が原告の交通事故損害賠償請求事件であり、自転車の少年と自動車の運転手の双方が、自分の対面の信号は青であったと主張していた。警官の調書では、少年は、「対面の信号は赤でした」と述べているのだが、調書作成には両親が同席しておらず、少年は、その時には運転手が気の毒だと思って虚偽の調書作成に応じてしまったのだと主張していた。

こうした事件では、通常、証人と当事者の尋問を行えば、いずれの言い分が正しいかは大体わかる。だが、この事件では、いくら聴いても的確な心証が採れなかった。

そこで、私は、和解を勧めていたのだが、ある時、私がいくぶん強く少年の両親に説得を行うと、少年が、横から、「わかりました。もういいです、和解でいいです」と、はっきりと発言したのである。

後から考えてみると、その時少年の顔に浮かんでいたのは、失意とあきらめであった。

もちろん、証拠上は、過失が疑わしい程度の立証の場合には原告の負けとなるのが民事訴訟の原則であり（このことを、民事訴訟法学では、「被告の過失について原告に証明責任がある」という）、少年に不利な調書や実況見分調書しか存在しないその事件では、少年の形勢は悪かった。また、実際には、信号の変わり目の事故であった可能性が大きく、少年の言葉をほぼ信じたとしても、完全勝訴にすることは難しい事案であったと思う。さらに、たとえ少年を勝訴させたとしても、控訴審で覆される可能性も大きかっただろう。

しかし、少年には、また、彼の両親には、判決を求める自由と権利、そしてその判決が間違っていると思うなら最後まで争う自由と権利があったことは間違いがない。

この事件の後、私は、たとえ事案の解決としてはそれが適切であると思う場合であっても、当事者が望まない和解を強く勧めることはやめた。強い立場にある裁判官が当事者の自由と権利を踏みにじることになりかねないと気付いたからである。

水害訴訟に関する大規模追随判例群、新しい判断をきらう裁判官たち

日本の裁判官には、最高裁判例や従来の下級審判例の有力な方向に追随する傾向がきわめて強い。問題になっている争点に関連する判例群の批判的な検討を行わず、事大主義的に大勢に従う傾向ということである。その典型的かつ大規模な例として、国家賠償請求訴訟の一類型である水害訴訟を挙げることができる。

当初は、水害訴訟では多くは原告が勝訴していた。ところが、最高裁の否定判決（一九八四年〔昭和五九年〕一月二六日）が出るや、下級審判例の流れは一変し、逆に、すべてが棄却されるようになってしまった。

ここで問題なのは、最高裁判例の事案が「溢水型《いっすい》」、つまり、堤防は壊れないが水があふれた事案、また、改修途上の未改修の河川に関する事案であったにもかかわらず、その後の下級審判例が、「破堤型」、つまり、堤防が決壊した事案、また、改修途上の河川ではない、必要な改修が行われたはずの河川に関する事案についてまで、原告の請求を棄却するようになってしまったことである。最後には、無用な堰《せき》が放置されていたことが原因で堤防が壊れたという、これが国家賠償でなければ何が国家賠償なのかという事案まで棄却されてしまった（一九八七年〔昭和六二年〕八月三一日東京高裁判決。多摩川水害訴訟。なお、第一審は認容していた）。さすがに、この判決は、最高裁によって破棄された（一九九〇年〔平成二年〕一二月一三日）（以上につき、詳しくは、古崎慶長「河川管理責任の『つまずきの石』」ジュリスト八九八号二四頁以下参照）。

日本の裁判は精密司法であるとか、日本の裁判官は優秀であるから信頼できるなどといった法律家集団の自画自賛的な言葉がそのままに信じられないものであることが、おわかりになるのではないかと思う。判例には必ず「射程距離」というものがあり、それを厳密に読んでいく作業は、法学のイロハである。しかし、前記のような下級審判例の流れは、多くの下級審裁判官がこの作業をまともに行っていなかったことを示している。また、水害訴訟はともかく棄却しておきさえすれば安全、へたに認容して最高裁の逆鱗《げきりん》に触れたら大変という裁判官たちの心情も、容易に読み取れる。そうでなければ、一般人が常識で考えても明らかにおかしい多摩川水害訴訟控訴審判決のような判断が、出るわけがないのである。

このような傾向は、すなわち、時代や社会の流れが悪い方向へ向かっていったときにその歯止めになって国民、市民の自由と権利を守ってくれるといった司法の基本的な役割の一つについて、日本の裁判所、裁判官にはほとんど期待できないことを意味する。追随、事大主義を旨とする裁判官が、時代の雰囲気、「空気」に追随し、判例の大勢に従って流されていってしまうことは、明らかだからである。その意味では、国民、市民としても、個々の判決の結論だけをみてそれを評価するという姿勢は変えていく必要があるだろう。つまり、裁判官の全体としての姿勢も大切だということだ。国民、市民の自由と権利が侵害されていくときに踏みとどまってくれることは、追随型の裁判官にはまず期待できないが、独立型の裁判官であればそれが期待できるからである。アメリカのみならず、日本においても、二〇一三年の特定秘密の保護に関する法律の成立により、国民、市民の基本的人権、各種の自由、ことに知る権利や表現の自由を制限する方向への政治の動きが明らかになり始めている今日、この点はことに強調しておきたい。

また、日本の裁判所、裁判官が新しい判断をきらう傾向が強いことの一つの例として、夜間、非常に暗い場所に違法駐車してあった、しかも背面の汚れた大型トラックにバイクが衝突した事案について、従来の判例の流れとは異なった法理、メルクマールを立て、駐車車両の過失のほうがより大きい（六五％）と判断した私の判決について、判例雑誌のコメンテイターが、重要部分に引くこととされている傍線を判決の中核部分に引くことすらせず、「本判決の判断は従来の裁判例の流れに沿うものである」という、およそ考えられないような解説を行った例を挙げておきたい（二〇〇一年〔平成一三年〕一月二六日千葉地裁判決についての判例時報一七六一号九一頁解説。おそらくは、東京地裁交通部の、あるいはかつてそこに所属していた裁判官によるものと思われる。同じ判決についての判例タイムズ一〇五八号二二〇頁の解説と比較すると、違いがよくわかる）。

私の判決を批判したいのであれば、雑誌に名前を出して判例評論を書くことは、先のような裁判官であればできるはずだし、無記名のコメントであっても、私の判決のどこがどのようにおかしいかを論理明快に指摘すればよいのである。そうしないで先のようなねじ曲げコメントを書くのは、要するにちゃんとした批判ができないからであり、にもかかわらずその結論には反対したい（その影響力を減殺したい）からであることは、明らかというほかない。なぜ、このようなねじけたやり方をしてまで新たな判例の展開を封じ込めようとするのか、全く理解に苦しむ。

この判決は、ともかく衝突した車のほうが悪いと決めてかかっていた従来の判例の流れに反省を促した判断として、単独事件の判決であったにもかかわらず三大紙に大きく報道されたが、結局、現在に至るも、孤立した判例のままとなっている。

司法判断の活性化の必要性

現在の日本が置かれている状況は、かつてとは全く異なる。先進国一般が構造不況や高い失業率にあえいでおり、ことに日本の場合には、人口構成の逆ピラミッド構造や国の債務超過がはなはだしく、若者たちは未来に十分な希望をもちえていない。

このような状況において司法に期待される役割は、もはやこれまでのような影の薄いものではなく、社会や人々の進むべき新しい方向を指し示すもの、積極的に未来を指向するものでなければならないはずであろう。

もちろん、行政訴訟や国家賠償請求訴訟についてみれば、数十年前に比較すれば、間口が広がってきているとは思う。しかし、それは、当時の日本の裁判がこの点について根本的な問題を含んでおり、正当とはいえない却下、棄却判決が多かったことの結果にすぎず、現在の状況も、司法に期待されている前記のような役割を満足させるようなものとは考えにくい。社会が変化しているほど司法が変化していないことは明らかであって、一部裁判官の孤立した判断を別にすれば、社会の趨勢《すうせい》に合わせた最低限の微調整を行うというレヴェルの変化にとどまっていると考える。

しかし、現在のキャリアシステムに前記のような役割を担うのを期待することは、とても無理なのではないだろうか？ そもそも現在の最高裁判所、ことに最高裁長官や事務総局が、また、裁判官のマジョリティーが、司法の役割に関する明確で民主的なヴィジョンなどといったものを、はたしてどの程度にまでもっているといえるのだろうか？

もしも、前記のようなヴィジョン、司法の役割に関する明確で民主的なヴィジョンが現在の裁判所、裁判官にも十分にあるとするならば、たとえば、政治家や官僚のあり方、ことに利益団体との癒着や「民は愚かに保て」的な政策のあり方をいさめる判決、マイノリティーに対する圧迫や差別をただす判決、地方自治の腐敗を剔抉《てっけつ》する判決、そして、原子力発電所メルトダウンと広域放射能汚染という考えられない事態を事前に抑止するに足りるような判決が、あるいは少なくともそのような方向をめざしてよく考え抜かれた良心的、良識的な判決が、孤立したまれな判例としてではなく、もっと幅広く力強い流れを構成する判例群として、存在しえたはずではないだろうか？

『それでもボクはやってない』は、あなたにも起こる

日本の刑事司法には、民事司法よりもさらに大きな問題がある。裁判員制度の採用とこれに対するメディアの注目によって、日本の刑事司法全体が問題なく民主的に運営されているかのような幻想が社会に生じている傾向はないか、私はそれを心配している。

日本の刑事司法の一番の問題点は、それが徹底して社会防衛に重点を置いており、また、徹底して検察官主導であって、被疑者、被告人の人権には無関心であり、したがって、冤罪を生み出しやすい構造となっていることにある。

たとえば、軽微な事件に対する必要性に乏しい長期間の勾留（被疑者の勾留。多くの場合は一〇日間だが、制度上は二〇日間まで延長が可能。否認すれば二〇日間は勾留されることになる。逮捕から勾留までの期間を加えると、さらに、最大限三日間が加算される）、それが、拘置所ではなく警察署施設内部の代用刑事施設（いわゆる代用監獄）で行われ、時間に関わりなくいつでも取調べが行われること、しかも、その間に被疑者が弁護士に面会できる時間がきわめて限られていることといった問題である。

日本の裁判官の令状処理で一番問題があるのは勾留状である。逮捕状についてはまずま

ずきちんとした審査が行われていると思うが、勾留状については、勾留の必要性に関する審査がおざなりであり、在宅で捜査を行えば十分であると思われる微罪についてまで、ほとんどフリーパスで勾留が行われてしまう。アルバイトの学生がレジから二〇〇〇円抜き取って勾留、酔っぱらいによる電車内の小さな置き引きで勾留、五〇〇円の万引きだって勾留である。勾留されれば勤務先や学校にばれるからそれだけで致命的な不利益を被ることになる。注意してほしいのは、あなたが本当は「やって」いないのに逮捕された場合であっても、否認すれば、同様に長期間の勾留を免れないということだ。このように、身柄拘束による精神的圧迫を利用して自白を得るやり方を、「人質司法」というが、それは、日本の刑事司法の顕著な特徴であり、冤罪の温床となっている。

痴漢冤罪については、『それでもボクはやってない』（周防《すお》正行監督、二〇〇七年）という映画があったが、実をいえば、私には、あの映画は、特にショッキングなものでも興味深いものでもなかった。なぜなら、ああいう事態がいつでも起こりうるのが日本の刑事司法の実態であることは、まともな法律家なら誰でもわかっていることだからである。なお、純粋に映画としてみても、よくできた作品ではあるが、特筆《とくひつ》すべきものがあるとまでは思わなかった。ことに、冤罪事件に巻き込まれた人間の恐怖と屈辱が十分に描かれていない点には、残念ながらリアリティーの不足を感じた。実際には、突然逮捕、勾留され、裁かれるときに、あの主人公のように堂々と自分を保つことのできる人間は稀有である。

実際、法律家でさえ、逮捕に続く連続二〇日間の勾留とその間の厳しい尋問に耐えられる人は多くない。ある弁護士が、事務所の後輩たちに、「もしも痴漢冤罪に巻き込まれそうになったら、相手の女性に名刺を渡してともかくその場を立ち去ること［その場を立ち去れば、身柄の拘束には逮捕状が必要になる］。現行犯逮捕、勾留されてしまったらおしまいだよ」と語ったと聞いたことがあるが、誇張とはいえないと思う。

さらに付け加えれば、右のような日本の刑事司法には、前記のとおり、フレームアップにより、あるいは、普通は処罰されることのない形式的な行政法規違反等をとらえて、国家や権力者に都合の悪い調査や告発を行っている人物を逮捕勾留し、必要のない捜索差押えでそのプライヴァシーを破壊し、決定的なダメージを与えるといったことが可能になる（そのような陰謀の温床になりうる）性格があることも、ぜひ認識しておいていただきたい。

次に、第2章に記したとおり、日本の刑事司法システムにおいて有罪無罪の別を実質的に決めているのが実際にはまずは検察官であって、裁判官はそれを審査する役割にすぎず、したがって無罪が稀有な例外となってしまっていることにも、大きな問題がある。

こういう制度の下では、検察官が恣意的に起訴、不起訴の別を決めることになるために、たとえば、強姦や横領等の立証が比較的困難な事案については、検察官は、無罪になる可能性が少しでもあると考えると、立件しない。無罪は検察官のキャリアの失点、汚点になるからだ。被害者は泣き寝入りということになる。日本の警察は、民事不介入という原則を採っていて、明らかに詐欺、横領、不動産侵奪《しんだつ》等が行われているような事案についても、民事紛争がらみとみれば一切立ち入らないが、このことも、先のような検察官の姿勢に一つの原因があるのではないかと思われる。

また、先にも述べたとおり、刑事系に特化した裁判官には、検察寄りにバイアスがかかる傾向が否定できず、このことに、第1章で論じた談合裁判的体質が加わるため、被告人、弁護士、裁判員が見ていない場所で検察官と裁判官が話を通じ合わせているような事態も十分に考えうるのである。裁判官時代、既に退官して弁護士となっている方（名前は知っているが、それまで一面識もなかった人である）から、特定の事件についての先入観を抱かせるのが目的と思われる電話を受けたことが二回あるが、いずれも元刑事系裁判官であった。これは、もちろん、決してしてはならないことであり、こうした事柄に対する刑事系裁判官のモラルが裁判官一般に比べても低いことをうかがわせる事実である。

刑事裁判の第一の原則は何だろうか？　それは、間違いなく、「疑わしきは罰せず」、「疑わしきは被告人の利益に」、「一〇人の真犯人を逃すとも一人の無辜《むこ》を罰するなかれ」ということであろう。刑事裁判の立証は、「通常人が疑いを差しはさまない程度」で足りる民事裁判の場合とは異なり、「合理的な疑いを差しはさむ余地のない程度」に行われなければならないというのは、このことを意味する。

しかし、日本の刑事裁判は、ややもすればこの原則を外れて、「疑わしきは罰す」、「疑わしきは被告人の不利益に」、「一〇人の無辜を罰すとも一人の真犯人を逃すなかれ」という方向に流れていきやすい。そこから、たとえば痴漢冤罪の横行、多発といった事態が生じてくるし、また、そのような傾向は、痴漢犯罪に限ったことでもないのである。

ここでも、「悪い奴を一〇人も逃すくらいなら、一人くらい冤罪で苦しんでも仕方がない」といった考え方は、間違ってもすべきではない。その「一人」が、あなたあるいはあなたの家族や友人である場合のことをこそ、考えるべきなのである。

裁判員制度の陪審員制度への移行の必要性

ここで、刑事裁判に関連して、裁判員制度についても論じておきたい。

裁判員制度については、第2章で、制度導入の動機、目的につき、トップの刑事系裁判官たちが、民事系に対して長らく劣勢にあった刑事系裁判官の基盤を再び強化し、同時に人事権をも掌握しようと考えたことがあるのは否定できないという事実を指摘した。

しかし、ここでは、主として制度改革のあるべき目的、機能の実現という観点から分析を行い、裁判員制度の改善策と将来の方向性について論じたい。

まず、制度改革については、現在の問題点を明らかにした上でそれを克服することを目的とすべきであり、現状を変えることだけを目的としたもの（改革のための改革）であってはならない。これは制度改革の基本中の基本というべき事柄なのであるが、日本では必ずしもこの原則が守られておらず、ことに、裁判員制度については、裁判所側に前記のような不純な動機があったことから、この観点からみても問題の大きい制度となっているように思われる。

よく、裁判員制度の目的について「市民の司法参加」がいわれる。それはもちろん意味のあることだとは思うが、より根本的な目的は「刑事裁判制度の改善」であり、ことに、「冤罪の防止」であろう。また、「国民の法的教育」については、ほかにいくらでも適切かつ安価な方法が考えられるのであって、単なる国民の法的教育のために大きな時間的負担、税負担を国民に課することが正当化されるとは考えにくいし、裁判という場を通じて裁判官が国民を教育するという発想には、次の項目でも触れる「パターナリズム（父権的、家父長制的、干渉主義的後見主義）」の疑いが大きいように感じられる。

ところが、現在の裁判員制度は、「刑事裁判制度の改善」、「冤罪の防止」はもちろん、「市民の司法参加」という目的のためにも、必ずしも適切な制度とはなっていない。

第一に、一定範囲の重大事件すべてについて裁判員裁判を行う必要はない。反面、軽微な事件についても、前記の目的は同様に実現されなければならない。

したがって、重大事案に限らず、「否認事件全部」に関する「選択制」の制度とすべきであろう。被告人が起訴事実を認めている事件について実質的にみればただ量刑を決めるだけのために多数の裁判員を長時間拘束するのは気の毒であり、コスト的にも引き合わないという意見は、刑事系裁判官の間にも存在する。ただ、裁判所当局が裁判員制度批判を抑え込んでいるために、表に出てこないだけである。裁判員の負担はもちろんだが、その日当だけでも一人一万円以内がかかるし、裁判員裁判は裁判所側からみても非常に手間がかかるものであるところ、それだけの手間をかけるということは、当然、その分のしわ寄せがほかの業務、たとえば民事裁判等にかかっていく結果になることも考えるべきなのである。さらに、そもそも、量刑については、私がアメリカの州裁判所でみたように、あるいは日本の少年審判のように、基本的には調査官（日本でいえば家庭裁判所調査官）の科学的調査にゆだねるという方向も、十分に考えられる。また、被告人が望まない事件について裁判員裁判を行う必要性も乏しいと思われる。私は、裁判所当局が、否認事件に限らず、また、被告人の選択権も認めない裁判員制度を望んだ大きな理由は、はっきりいえば、第2章で論じたとおり、刑事系裁判官の基盤を強化し、権益を確保するという目的にとってそのほうが都合がよかったからではないかと考えている。

そうではなく、被告人が争い、また市民の裁判を求める事案に限って、またそのような事案については一般的に、その機会を保障すべきなのである。冤罪事件が、痴漢冤罪等比較的小さな事案により数多く生じやすいのは当然のことであり、また、そのような事案においてこそ、市民の法的感覚はより生かされるのではないかと思われるからである。

第二に、合議体に三人もの裁判官が入る必要はない。本当に市民を信頼しているのなら、なぜ、三人もの裁判官が六人の裁判員とともに合議体に加わる必要があるのか、きわめて疑問である。ドイツの制度との類似をいうのかもしれないが、ドイツの制度だからよいというものではないだろうし、前記のとおり、ドイツにおいては、戦後の社会・制度改革の中で裁判官制度についても徹底的な民主化が図られたことにも留意すべきである。日本の裁判官、ことに刑事系裁判官の問題点については既に記したが、裁判官全体の中でみてもことに問題が大きいのであって、ドイツとは全く事情が異なる。

そのような裁判官が裁判員と接することによって変化することが期待できるという意見もあるが、この点についても、そのような効果は、民事裁判において裁判官が争点整理や和解で当事者本人と接することによってもたらされる効果と大きな違いはなく、刑事系裁判官にはこれまでそのような機会がなかったことを考えるならば若干のものがないとはいえないがせいぜいその程度のことであろうとの意見が、これもやはり、裁判官の間でも強い。表の顔と裏の顔の使い分けに長けている日本の官僚裁判官、ことにその中でも右のような傾向が強い刑事系裁判官の本質、体質がそんなことで大きく変わると考えるのはあまりにロマンティックではないかと私は考えるし、また、前記のようなささやかな効果がこれだけのコスト（たとえば二〇一一年度の予算では四一億四〇〇〇万円であるが、これは単に直接費用にすぎず、前記のとおり、裁判員や裁判官、裁判所書記官等の目にみえないコストのほうをより重視すべきであろう）に見合うものとは到底思われない。以上のような点に関する前記ダニエル・H・フット教授の『名もない顔もない司法』、ことに二八九頁以下の記述についても、法社会学者の分析としてはいくら何でも甘過ぎるのではないかと私は考える。私の周囲の学者にも、私の知る限りの民事訴訟法学者にも、裁判員制度が裁判官に及ぼす効果についてそのような甘い期待ないしは幻想を抱いている人はあまりいない。

第三に、裁判員に課せられている守秘義務の範囲が広過ぎ、また、違反した場合の刑罰が重過ぎる。単なる「評議の秘密」にとどまらず、「評議の秘密その他の職務上知り得た秘密」と、蜘蛛が網をかけるようなきわめて包括的な表現となっており、その上、懲役刑で担保されているのである（裁判員の参加する刑事裁判に関する法律第一〇八条）。

この条文の、訴訟法にはあまり例をみない長大さと、重箱の隅を残りなくつついて回っている細かさは、まさにマニアックな印象を与える。この条文案を作成した人間がいかに国民、市民を信用しておらず、猜疑《さいぎ》心にさいなまれているかがよくわかるから、ぜひ、六法を開いて御一読いただきたい。陪審制が採られている国々でもしこんな立法をしようとしたら、大変な反発があるだろう。このことだけでも非常識である。この条文の目的は、裁判官が裁判員を強引に説得したなど裁判所に都合の悪い事実が裁判員から漏れるのを防ぐことにあるとみて、まず間違いはないと思う。なぜこのような問題の大きい条文を国会議員や弁護士が見過ごしたのか、私にはよくわからない。守秘義務の対象は評議における意見の具体的な発言者氏名や個人のプライヴァシーに限定すべきであろう。

なお、ドイツの制度では、評議は裁判員に相当する参審員が先に意見を述べ、参審員の間では若い者から順に意見を述べることとされているが、適切な規律であろう。しかし、日本の制度にはもちろんこのような規律はない。

以上のような問題点はすみやかに改善されるべきであり、そのための法改正が必要であると考える。

また、裁判員辞退事由についても、精神的なダメージを受けるおそれがある場合を、正面から、かつ、ゆるやかに認めるべきであろう。刑事裁判、ことに重大事案の証拠には、目を覆うような写真が含まれていることが多く、民事系の裁判官であった私自身、逮捕状や勾留状の請求書に添付されている一、二枚の写真だけでもしばらくの間頭にこびりついて離れなかったことがある。そうしたものに弱い人間にとっては耐えられない場合が十分にありうると思われるのである。なお、こうした証拠は、アメリカでは、陪審員の理性的な判断を妨げる恐れなどの観点から裁判官によって証拠排除されることも多い。そもそも、裁判員に対して見せることが相当かという問題もあると思われる。

以上を踏まえ、私は、現在の裁判員制度についてはすみやかに前記のような点を改善するとともに、なるべく早期に選択制の陪審員制度に移行させることを提案したい。そのような制度こそ、前記の目的に資するものであると考えるからである。陪審制を採っても、事実認定、法律問題の双方について裁判官が陪審員に詳細な説明、説示を行うことは十分に可能であり、もしどうしても法律の素人だけでは心配であるというのなら、アメリカではかなり謙抑的に行われているこの説明をより詳細に行うようにすればよいのである。

すなわち、重大犯罪だけでなくすべての犯罪について被告人に選択権を与える陪審制（有罪無罪の判断は陪審員だけで行う）に移行させ、また、陪審員に法律面の説明を行う裁判官は一人だけとし、その説明も、市民が監視できる公開の法廷で行わせるという方向（陪審審理を原則とする点を除き、基本的にアメリカの陪審制と同一の方向）が適切であると考える。そのような形で裁判員制度の実績を生かしていくべきであり、また、そうした制度であってこそ、「市民の司法参加の実現」、「刑事裁判制度の改善」、「冤罪の防止」という前記の目的も、十分に達成されると思われるからである。

やる気に乏しい裁判官が目立ち手続保障の感覚が鈍い家裁、「家裁の人」の限界

家庭裁判所についても簡潔に触れておきたい。

これもあくまで一般論にすぎないが、日本のキャリアシステムでは、家裁は陽の当たらない部署とされてきており、近年は一定程度改善傾向があるものの、高齢の裁判官についてみると、やはり窓際的なポストという傾向は否めない。

そこから生じる問題点は、企業の場合と変わらない。やる気のない裁判官が増えるということである。ことに、家事調停は、調停委員任せで、裁判官は実質的にほとんど関与しない場合がままある。ところが、この調停委員の質が、必ずしも保障されない。年齢の高い、ちょっとした名士的な人々の任命されるポストであるところから、妻の立場に対する配慮が足りない、当事者の言うことをろくに聴かずにお説教ばかりしている、裁判官による和解の場合と同様に強要や押し付けを行いがちになるなどといった例について、弁護士の憤懣《ふんまん》を聞いたことが何回もある（典型的には、離婚訴訟に先立って行われることとされている離婚調停）。調停の押し付けは、法律の素人が行うものであるところから、裁判官

による和解の押し付け以上に問題が大きいものになりやすいのである。ことに、弁護士が付いていない当事者は、守ってくれる人がいないから、気の毒なことになりやすい。

もう一つの家裁系裁判官の問題点は、訴訟法の大原則である「手続保障」の感覚が鈍いことである。つい最近家事事件手続法が制定されるまでは、家事事件の当事者には、弁論権、立会権、家庭裁判所調査官による調査報告書の開示を求める権利等の、民事訴訟であれば基本中の基本であるような権利すら十分に保障されていなかった。申立書すら相手方に送付されない、そのほかの提出書類についても相手方は提出されていること自体を知る機会がないなどといった、常識的にみても問題の大きい手続が行われていたのである（杉本孝子「家事事件とフェアネス」谷口安平・坂元和夫編著『裁判とフェアネス』〔法律文化社〕所収）。

これは、日本の裁判官一般、ことに家裁系の裁判官に顕著な、パターナリズム的な考え方と関係がある。「お上」である裁判官がよきにはからってやるから、当事者である一般国民、市民などは黙ってそれに従っていればいいのだ、という考え方である。

もういささか古くなったが、たとえば、漫画『家栽の人』（毛利甚八原作、魚戸おさむ作画。小学館）にも、このパターナリズムの思想がよく現れている。高裁長官（後に最高裁判事となる）の息子である桑田判事は、きわめて優秀であるにもかかわらず、地方の家裁やその支部を希望して赴任する。時にはみずから出向いて事実関係を調べ、家父長的な温情主義によりつつ厳格さをも交えるというこの裁判官は、明らかに、大岡越前や遠山の金さんの、より洗練された現代版である。

もちろん、『家裁の人』ににじんでいるような、面倒な手続などにこだわらず、すべてを聴いてくれ、わかってくれ、自分を救ってくれる裁判官に対する人々の期待、願望には、踏みにじってはならない大切なものがあると思う。だからこそ、あの作品も、広く受け入れられたのであろう。

しかし、桑田判事が、漫画の主人公でなく、現実の裁判官であり、また、桑田判事とは異なり、「本当は少しもそうではないのに自分は桑田判事のような立派な人間であるという幻想を抱いている人物」だったら、どうなるだろうか？　おそらく、その独善や慢心は、当事者にとって、普通の裁判官の場合以上に耐え難いものになるだろう。そして、実際には、桑田判事は漫画の中の人物であり、現実の世界では、「自分こそ桑田判事のような裁判官であると勝手に思い込んでいる裁判官」のほうがはるかにありがちだということも、考えておく必要がある。

つまり、『家裁の人』を好むことをことさらに公言するような法律家の感性には、その思想やイデオロギーのいかんにかかわらず、裁判をパターナリスティックに、また、古風なロマンティシズム、感傷とともにとらえる、その意味では権威主義的な志向が存在する場合がきわめて多いということである。『家裁の人』は、一般読者のみならず、かなりの数の法律家によっても賞賛され、支持者の中には左派の裁判官や弁護士までが含まれていたのだが、左派の思想と『家裁の人』のパターナリズムが深い葛藤なく結び付いてしまうことこそ、日本の思想状況特有の問題点の一つなのである。

なお、私自身は、もしも自分が裁判を受けるのであれば、桑田判事のような一種の超人、スーパーマンにではなく、優秀で視野も広いが、自分の能力とそのなしうることの限界については謙虚に認識している普通の人間である裁判官に担当してもらいたいと考える。

「裁判官多忙」の神話

日本の司法には数々の根拠に乏しい神話があるが、その一つが、「日本の裁判官はきわめて多忙」という神話である。

これは、「だから裁判官はよい裁判ができない。したがって裁判官をもっと増やすべきである」という主張の一環として昔から用いられてきたものであり、いずれかといえば左派の法律家が中心になって広めた部分があり、そうした書物を見ると、判で押したように必ずこのことが書いてある。また、学生のレポートでも、あまり深く考えていないものほど、こうした紋切型の神話に寄りかかって書かれている。

しかし、先の言明は、全体として正しくない。

まず、裁判官の忙しさについてみると、私の見聞してきたところでは、東京ないしその近辺の裁判所の民事裁判官と、未済事件のたまっている裁判所やそのようなセクションの裁判官は確かに比較的忙しい場合が多いと思うが、それらの場合を除けば、本当は、現時点における裁判官の負担は、それほど重くはないと思う。世の中には、多忙な職業はいくらでもあり、高度専門職についていえば、そうでない場合のほうがむしろまれであろう。裁判官の仕事については、神経を使う部分があり、ストレスは確かに大きいが、その原因についてては制度的な問題による部分も大きく（つまり、改善は可能であり）、また、忙しさの程度それ自体についていうなら、高度専門職としてはおおむね平均的なレヴェルではないかと考える。また、キャリアの後半には年収約二千万円という裁判官の高収入は、ある程度の忙しさを前提としてのものであろう（たとえばアメリカの州地裁裁判官の年収よりもはるかに高い）。

具体的にみると、まず、裁判所の統計によれば、地裁訴訟事件新受件数は、二〇一二年度には、民事（行政を含む）はピーク時である二〇〇九年度の七四・九％に、刑事はピーク時である二〇〇四年度の六七・五％に減少し（なお、執行、保全、破産等訴訟事件以外の事件をも含めた地裁全新受件数は、二〇一二年度には、ピーク時である二〇〇三年度の、民事では実に四九・四%、刑事では七四・〇%に減少)、一方、『弁護士白書』によれば、裁判官数(簡裁判事を除く)は、二〇〇三年度から二〇一二年度までに一二・二%に増加している。実際にも、民事では、判例が出尽くして多くが和解、取下げで終了する消費者金融過払利息返還請求訴訟や、ほとんどが一回で終了する建物明渡請求訴訟の占める割合が最近は大きかったし、刑事では、裁判員制度の導入に伴いかなり人員を増やした(仕事量からすれば、刑事のほうが元々負担は軽い傾向があったのに、その傾向がさらに進んだ)ので、相当に暇な場合が多いと、刑事系の裁判官たちからも聞いていた。以上によれば、現在の裁判官の負担が一時に比べればかなり軽くなっていることは明らかであろう。

また、裁判官の仕事のやり方にはまだまだ種々工夫や効率化の余地があることも指摘しておきたい。私自身、普通に裁判官としての仕事をしながら、かなりの数の書物や論文を書いてきたが、それには、当然のことながら、相応の努力と工夫が必要であった。しかし、その余地があることは、右の事実からもおわかりいただけるのではないだろうか?なお、私の労働時間は、学者になっても全く減っておらず、むしろ増えている。つまり、教育のみならず研究にも打ち込む限り、学者のほうが暇ということはない。さらに、労働時間だけを問題にするなら、多忙な弁護士のそれは、裁判官の比ではない。

よく、日本の民事裁判官は一時に多数の訴訟事件を抱えているといわれる。しかし、それは、日本の民事裁判特有の多数事件同時並行審理方式の必然的な帰結なのである（この方式は、確かに、飛び飛びの裁判期日ごとに訴訟記録を読み直す必要が大きく、効率的とはいえない）。一年間の新受あるいは既済（終局）事件の数をみるなら、日本の地裁のそれは、私の経験ではおおむね三六〇件前後である場合が多かった。そのうち、ある程度重い事件は九〇件程度であろう。一方、アメリカの連邦地裁の裁判官の担当事件（新受事件と思われる）は、二〇〇四年に、年間四八〇件であった（モリソン・フォースター外国法事務弁護士事務所『アメリカの民事訴訟〔第2版〕』〔有斐閣〕一一頁。なお、最近の統計から算出しても、おおむね右に近い数字が出てくる）。制度が全く異なるので件数だけでは比較できないが、事件の内容からすれば、連邦地裁の事件はそれなりに重いものが多いとはいえるであろう。

なお、裁判官の研究会や委員会等の各種会合についても、ほぼすべてが、事務総局の打ち出す方針を具体化するための方法を考えるもの（裁判官の共同論文や研究報告書のタイトルに「方策」という言葉が入っているものは、まず例外なくこれである）か、裁判官の「一体感」を高めるための親睦会かのいずれかであって、たとえば大学のそれとは全く異なる性格のものであることも指摘しておきたい。ことに、刑事などは、昔から、一般的に、飲み会がやたらに多いことで知られている。意味の乏しいこうした会合を整理するだけでも、実質的な仕事に振り向けられる時間はかなり増えるはずである。

また、これが最も重要な点になるのだが、それでは比較的余裕のある裁判所の裁判官が皆よい裁判をしているのか、ということである。調べていただけばすぐにわかることであるが、決してそのようなことはないはずだ。よい裁判官は、忙しくても一定の質を保った裁判をしているし、よくない裁判官は、たとえ暇でもおざなりな裁判をしている。

さらに、前記のような神話は、結局、「忙しいから仕方がないんだ。当事者のことをかまっている余裕がないんだ」という裁判官のエクスキュース、弁解を正当化する役割を果たしているのではないかということも、指摘しておきたい。

もっとも、今後のことはわからない。事件数が増えたり、難しい事件が増えたりすれば、また状況は変わるであろう。しかし、「裁判官多忙」というスローガンが、あえて誤りであるとまではいわないとしても非常に誇張されており、基本的には神話にすぎないことが、おわかりいただけたのではないだろうか？

なお、「裁判官の負担を正確に測るためには、事件数だけをみていてもだめですよ」ということも、併せて指摘しておきたい。裁判官を長く経験した人間が状況の分析をしないと、その時点における正確な負担はわからないと思う。逆にいえば、そのような人間が分析すれば、負担の正確な評価は難しいことではない。

以上、確かに裁判官の仕事ぶりに余裕があるほうが望ましいとは私も考えるが、弁護士、学者、ジャーナリストなどの人々は、神話、スローガン、ステレオタイプでものを考え、国民、市民に訴えることは、ことに司法については、本当にやめていただきたいと思う。問題の本質を見失う原因、見失わせる原因になるからである。

現在の制度ではよい裁判は望めない

最後に、日本の裁判所のあり方、現状について、総括的なまとめの考察をしておきたい。

私は、日本の国民、市民は、裁判所が、三権分立の一翼を担って、国会や内閣のあり方を常時監視し、憲法上の問題があればすみやかにただし、また、人々の人権を守り、強者の力を抑制して弱者や社会的なマイノリティーを助けるという、司法本来のあるべき力を十分に発揮する様を、まだ、本当の意味では、一度としてみたことがないのではないかと考える。

これは、私だけの意見ではない。海外の学者や知識人が日本の社会や政治のダイナミクスを分析するときには、おおむねこのような意見が述べられている。もちろん、左派の人々に限らない。リベラルあるいは中立的な政治思想の持主のみならず、保守的な人々でさえ同じような分析を行っている。アメリカで私が聴いたアジア法専科の大学院生たちの分析も同様であった。

日本の裁判所、裁判官は、これまでは、広い意味における社会秩序の維持や利害の調整という側面において、それなりの貢献をしてきた。だから、国民、市民の裁判所、裁判官に対する評価は、たとえば政治家や行政官僚に対する評価よりは高い。にもかかわらず、人々の間には、司法のあり方、裁判のあり方に対する不満や不信がくすぶり続けている。

それはなぜだろうか？

その理由について、この書物では、私の三三年間の裁判官経験、それよりは一〇年ほど短い研究者、学者としての経験に基づき、さまざまな分析を行ってきた。

先の不満や不信については、前近代から超近代までが隣り合わせに雑居しているという日本社会の独特のあり方や、人々の意識のもち方にも一つの原因はあるだろう。しかし、そうした部分、つまり誤解に基づく部分を捨象してもなお、人々の不満や不信には理由があると私は思う。それは、前記のとおり、人々が、まだ、司法のあるべき姿を本当の意味では一度もみていないからであり、だからこそ、人々は、よくはわからないが何だか変だ、憲法に書いてあることや学校で学んだことと実際の裁判のあり方とはどこかが違う、と感じているのではないだろうか？

法科大学院の学生たちと話してみて私が驚いたことの一つは、多くの普通の学生が、裁判官は判決の内容によって左遷されるなどの不利益を被ることがあるのではないかという疑いを抱いていることであった。「最高裁や事務総局の意向に沿わない裁判官が冷や飯を食っているって本当ですか？」と尋ねる学生が、何人もいるのである。「どこでそういうことを聞いたの？」と私が尋ねると、「どこで聞いたのかなあ？　はっきりどこで聞いたかってことは覚えてないけど、でも、みんなそう言ってますよ。ねえ……」と言って、仲間の顔を見る。すると、仲間も、こっくりとうなずく。

これが、法科大学院のごく普通の学生たちの一般的な認識なのであり、また、おそらくは、日本の知識人、控え目にいってもその多数の、一般的な認識、少なくとも疑問なのではないだろうか？

そして、私は、学生たちの質問に対して、胸を張って「いや、そんなことは全然ないよ」とは、到底答えられないのである。

また、「司法制度改革が行われ、弁護士数も裁判官数も増加しているにもかかわらず、前記のとおり、地裁における民事新受事件の数が全体として減少傾向にある事実にも留意すべきであろう。こうした現象は、はしがきにも記したような国民、市民の司法に対する失望が何ら改善していないことをうかがわせるものではないだろうか？　一体何のための司法制度改革、裁判所・裁判官制度改革であったのかが、問われなければならないであろう。

第5章

心のゆがんだ人々

――裁判官の不祥事とハラスメント、裁判官の精神構造とその病理

多過ぎる不祥事、日常的なハラスメント

近年の裁判官の不祥事について、これまでに報道されてきたところによってまとめてみよう。なお、罷免《ひめん》等の時期によって特定し、また、簡裁判事のそれは除いている。

検事総長を装って首相に電話をかけ、ロッキード事件（アメリカの航空機製造企業ロッキード社による世界的な大規模汚職事件。日本では、「総理の犯罪」の異名でも知られる）の捜査に関する政治介入の言質を取ろうと録音を行った（首相へのにせ電話事件。一九七七年弾劾裁判で裁判官罷免）、同じ裁判官が日本共産党書記長の身分帳を刑務所で閲覧、写真撮影等した（宮本身分帳事件。一九八七年公務員職権濫用罪で有罪判決）、宿泊していたホテルで酒に酔って暴行（一九八〇年退官）、担当事件の弁護士からの時価一八万円相当の物品の収賄（一九八一年罷免）、妻のストーカー事件もみ消し活動の疑い（二〇〇一年三月最高裁判所の分限裁判で戒告。四月退官）、神戸地裁所長が電車内における痴漢の疑いで書類送検（同年一〇月起訴猶予処分、社会的制裁を受けたことが理由。そのころ退官。なお、この事件は行為の態様がいささか不明瞭）、児童買春（同年一一月罷免）、出会い系サイトで知り合った女性に対し、勤務時間中にたびたびSM的な内容のメールを送信（二〇〇五年厳重注意処分後退官）、女性裁判所職員に対するストーカー行為（匿名のメール送り付け。二〇〇八年罷免）、バス内で痴漢（二〇〇九年準強制わいせつ罪で有罪判決。任期

満了のため罷免は免れた）、電車内で女性のスカート内盗撮（二〇一三年四月罷免）、酒に酔って女性修習生の頬に無理やりキス（同年一〇月高裁で戒告。同月退官）。

以上のとおり、裁判官の不祥事についてはかなりの数報道されてきたが、もちろんそれらがすべてではない。おそらく、表に出ないまま処理されているもののほうが多いはずである。注意すべきは、その数や種類が、裁判官の母数（簡裁判事を除けば、かつては二千名程度、現在は三千名足らず）を考えるならば、決してほかの職業集団に比べて少なくはないことである。高度専門職集団としてはむしろ多いというべきではないかと思われるし、また、その内容も、前記のとおり、多様であり、単なる出来心では片付けられないものも多い。もしも従業員二、三千人の企業でこれだけの不祥事が報道されたら、その企業には何か大きな問題があるに違いないとして、大きな社会的非難を浴びることになるのが普通ではないだろうか？　なぜ、裁判所の場合にそれが見過ごされているのだろうか？

もっとも、私は、こうした不祥事について行われやすい「裁判官には決してあってはならないこと」という「当為」論は好きではない。裁判官も人間であることをまず第一に認めるべきであると思うし、人間に過ちや弱さはつきものだからである。しかし、こうした問題が個人的なものなのか、それとも構造的な根があるのか、もしも後者であるとしたら、今後の改善のためにどのようなことを考えていくべきなのか、といった冷静な分析は必ず行われる必要があると考える。そうでないと、結局は、「あれは個人的な問題だった」ということで片付けられ、根本的な問題は放置されることになるからである。たとえば前記の児童買春事件に関する一連の報道などはその典型であった。

また、セクシュアル、パワー、モラル等の各種ハラスメント行為は、一般的な不祥事と比べても非常に多く、先の不祥事の最後の例などは、おそらく、そのほんの一例にすぎない。私が知っている範囲で少し挙げてみよう。

裁判長が上司の権力を利用してみずからの所属する部の若い事務官と性的な関係をもった例（二件あり、一件はもみ消され、一件は裁判官の退官に至った）、東京地裁の所長代行が宴会の席で女性判事補を抱き上げた例、二人の所長が示し合わせて、女性判事補に対し、以前に付き合っていた男性判事補との交際を復活してやってはどうかと説得しようとした例（あるいは所長たちにはその意識はなかったのかもしれないが、裁判官の評価権者である所長としては、つつしむべき行為であることは明らかであろう）といったところが思い出される。

また、セクハラについては、古くは、一九七六年に司法研修所事務局長と教官が第三〇期女性修習生に対する「女性は法律家、裁判官にふさわしくない」などの差別発言（具体的な表現は驚くべき露骨なものであった）とセクハラ行為を告発されて国会でも問題となり司法研修所長から厳重注意処分を受けた例がある（なお、この事務局長は、後に、事務総長を経て、最後には東京高裁長官となり、もう一歩で最高裁入りするところであった）。さらに、一九九〇年代末ころの状況についても、青法協弁護士学者合同部会が「司法研修所の現状を告発する――法曹養成制度改革の出発点」と題する意見書の中で、実務修習（司法修習は、司法研修所のほか各地の裁判所等でも行われ、後者を実務修習という）担当裁判長や司法研修所幹部による第五一期、第五三期、第五四期女性修習生に対するセクハラ行為・発言疑惑（差している傘の中に入り、手を握り、肩を抱き、抗議してもなかなかやめなかったなど）について論じており、これも相当の根拠のない記述とは考えにくい。私自身も、ある未婚の右陪席裁判官が、女性修習生に対して、「君は僕と結婚するように運命付けられている」と告げたという笑えないギャグ漫画のような例を最近のものとして聞いている。要するに、司法修習という場面だけに限定してみても、こうした問題が数多いことがうかがわれるのである。

セクハラ以外の例も色々と思い浮かぶが、たとえば第3章で触れた私に対する取材に応じることの拒否命令は明らかにパワーハラスメントに該当するであろう。しかし、そうした事柄については読者も推測が可能であると思うので、詳細は省略したい。

さて、ここでも、私が知っている事象、事態は、統計的な正規分布の中心付近（最多の付近）にある可能性が最も高いという推定を働かせてよいと考える。つまり、こうしたハラスメントは、おそらく、全国各地の裁判所にかなりの数存在する可能性が高いということである。このようなハラスメントについては、裁判所には、もちろん、ガイドラインも、相談窓口や審査機関もなく、野放しの状況となっている。ハラスメントに関する限り、裁判所はまさに前近代的な状況にあるといってよいだろう。

また、裁判官には自殺もかなりある。仕事でノイローゼやうつ状態になって自殺する例のほか、前記のとおり、自他ともにエリートと認めてきたイヴァン・イリイチタイプの裁判官が道半ばにしてつまずいた結果いたましい自殺に至るような例もある。そこまではいかなくとも、家を出て何日も放浪していた、あるいは、裁判長の圧迫、ハラスメントでおかしくなってしまった右陪席裁判官が事務総局人事局に何度も出向き、人事局長に面会を求めて、「いつ私を裁判長にしてくれるのですか？」と尋ねていた、などという悲惨な例もある。こうした例はもちろん退官に至る。

裁判官の世界において精神衛生的な側面に対するケアが非常に遅れていたことの一つの原因に、「裁判官たる者、精神的な不調などということがあってはならない」という建前論が非常に強かったため、不調の発生という否定できない事実が隅のほうに押しやられていたという事実がある。裁判所には、裁判官の精神衛生面の面倒をみ、適宜相談に乗り、治療を受けさせるといったシステムも、前記ハラスメント対策の場合と同様、整備されておらず、一般の公務員と異なり、正式な休職の制度すらないのである（これは、裁判官の服務規律一般がきわめて不明瞭、不透明なまま放置されていることの一つの現れである。驚くべきことだが、基本的には戦前から変わっていないのである）。カウンセリングの制度が一応できてはいるが、きちんと機能しているかについては、かなり疑問がある。

それでは、なぜ、裁判所、裁判官に、こうした不祥事やハラスメント、あるいは自殺等の問題が多いのだろうか？

それには、大きく分けて二つの原因が考えられる。

一つは、第3章で論じたような、閉じられた、息苦しいヒエラルキー構造の組織である。従来、このことは見過ごされ、先のような事実については、当該裁判官の個人的な問題として片付けられてきた感があるが、前記のとおり、単なる偶発的な問題として片付けるには数が多過ぎるのは明らかであろう。私は、この点を特に強調しておきたいと思う。組織のあり方が異常であるからこそ、本来そのようなことがあるのはあまり望ましくはない裁判官集団に、前記のような問題が多発するのだ。「収容所」的な性格と構造をもった組織がその収容者、囚人に対して及ぼす大きなマイナスの影響のことを考えるべきなのである。前記のような目立った不祥事が、最高裁の右傾化、ヒエラルキー的支配・統制の徹底の時代以降に始まっていることは、おそらく偶然ではない。また、二〇〇〇年ころからにわかに多発していることにも注意していただきたい。裁判所の荒廃、裁判官のモラル低下の端的な現れであることは、間違いがないであろう。

もう一つが、この章で論じる、裁判官の精神構造の病理である。これももちろん一般的な問題、最大公約数的な問題であり、裁判官のすべてにそのような問題があるとはいわない。しかし、かなりの数の裁判官に、これから論じていくような、いびつな、ゆがんだ精神構造という問題があることは、私の経験からしても、否定できないと思う。

裁判官の精神構造の病理

これについては、項目を挙げながら論じていきたい。

（1）一枚岩の世界、内面性の欠如、内面のもろさ

裁判官の世界は、非常に等質性、同質性の高い、一枚岩の世界である。ごくわずかの例外を除けば、多様性はみじんもないといってよい。

組織に対する構成員の帰属意識はきわめて強く、価値意識、価値観にヴァリエーションが乏しく、また、彼らが構成する世界も、一枚岩で、外の世界に対してはぴったりと閉じ

ている。第1章に記した組織的な出来レース選挙の例を思い出していただきたい。

裁判官が多数集まる場所に出席すると、こうした雰囲気を肌で感じることができるだろう。公的な場所、場面における裁判官の上下関係や各種公的行事等のセレモニー的な要素について、弁護士、学者、修習生、ジャーナリストなどを含め、外部の人間からひそかな違和感が表明される例が多いのは、このことによる。また、裁判官の研究会に招かれた外部講師が、講演が終わった直後に、「私の話は皆さんに理解していただけたのでしょうか?」という不安を表明することが多いのも、このことによる。私も何回も経験があるが、裁判官の聴衆は、まさに仮面の集団で、表情も読めないし、反応もない。だじゃれ以外では笑わない。講演の相手としては実にやりにくい人々なのである。弁護士、学者、ジャーナリストならすぐに反応する軽い揶揄《やゆ》や冷やかし、あるいはアイロニーが、裁判官には全く通じないからだ。なお、裁判官が多数集まる場所を支配している薄暗いオーラも実に独特なもので、私は、今こうして書きながら思い出しても、少し寒気がする。

また、裁判官個々人の内面世界も、概して非常に狭く、同様に閉ざされている。

私が裁判官の世界に特徴的なこととして思い出すのは、その話の何ともいえないつまらなさ、無味乾燥さである。個人的にはまれに話をして面白い人もいるが、それはあくまで例外であって、ことに、裁判官の講演のつまらなさは、概して、言語に絶するものがあった。無内容、紋切型、非個性的、それに尽きる。三三年間裁判官をやっていて、鮮やかに思い出せる講演や講義が、ほとんど一つもないのである（なお、面白い話ができる裁判官には、講演を行うような機会があまり与えられないのも事実ではあるが）。

弁護士は、もちろん、内容のある話ができる人もいるし、また、たとえそれほど深い内容はない話であっても、少なくとも、個性的に、面白く聴かせることに長けている。学者は、右のような意味で話のうまい人はそれほど多くないが、一流の学者であれば、必ず、内容のある話はできる。ところが、裁判官の講演には、内容もなければ技術もないことが、きわめて多いのである。

こうした内面性の欠如は、内面のもろさにつながる。一度倒れてしまうともはや起きあがれない人が多いのは、このことが一つの理由である。

(2) エゴイズム、自己中心性、他者の不在、共感と想像力の欠如

裁判官の、むき出しの、無邪気ともいえるほどのエゴイズム、天動説的な自己中心性には、本当に驚かされることが多かった。他者の存在というものが、全くみえていないのである。

自分だけがかわいく、自分にはいいことがあって当然、そして、いいことが自分を差し置いてほかの人にあることは許せない、というタイプが非常に多い。したがって、特別な好意でしてあげたことについても、全く感謝せず、当然と思っていることが多い。

たとえば、論文の内容をチェックしてくれと言われて、忙しい中急いでしてあげたところ、「随分早いですね。ちゃんと見てくれたんですか？」と言われて唖然としたことがあるし、高裁の裁判長が、「あなたの本を読んであげますから、一部よこしなさい」という伝言を、私の同期の左陪席に託し、その左陪席が、「そういうわけなので、一部くれるとありがたいんだけど……」と言って、私のところにやってきたという例もあった。完全なお殿様感覚であり、自分の周囲の者、ことにヒエラルキーにおいて自分より下の者は、自分によくしてくれて当然、お礼など言う必要すらないという感覚なのである。もっとも、これは、先輩に限らず、後輩についてもあることで、たとえば、留学試験の準備について尋ねたいというので、それも、今取り込んでいるから後にしてくれと答えているのに何回でもせがむので、仕方なく家に呼んで詳しく説明してやったのに、帰り際にすらまともなお礼の挨拶もせず、もちろん葉書一枚よこさないなどといった例である。こうしたことは、枚挙にいとまがない。

こういうふうであるから、ヒエラルキーの中ではばかていねいだが、そこを一歩でも外れると、全くそうではなくなることが多い。電話の応接がひどいという例はままある（応接しているのが誰だかわからなければどんな態度をとっても平気ということ）し、官舎の引っ越しの際には、「子どもの入学式があるから〇日までに出ていって下さい」と一方的に通告してくるし、仕事の調整でも、最初から結論を決めてしまっていておよそまともな話をする態勢にない、などということになる。夫婦で裁判官をしている二人（私からみれば後輩）が官舎に置いていた高級車に傷が付いたことに関し、「官舎の子どもが自転車で傷を付けたに違いない」と息巻くので、仕方なく多数の母親たちが謝りに行ったのだが、後から確認してみたところ、傷の位置や形状からして、どうみても子どもが自転車で付けたものではなく、大人の悪意ある行為によるものとしか思えなかったという例もある。これについては、もう一台の傷付けられた車の持主も、「お子さんたちがしたこととは到底思えませんと言っていたのである。一般世間であれば、「そんなに大事なものならシートにくるんで倉庫にしまっておけ」と言われるところであろう。こうした裁判官が刑事事件を担当するのだから、裁かれるほうは、たまったものではないのである。

もちろん、こうした裁判官には、共感の能力も、想像力もおよそ欠如している。したがって、当事者の気持ちなどかけらほどもわからないだろうし、そもそも、自分にはそうした能力が欠けているという事実にすら、気付かないであろう。はしがきに記したとおり、「裁判を利用した人々が訴訟制度に対して満足していると答えた割合は、わずかに一八・

六％」という結果になるのは、あまりにも当然のことなのである。

（3）慢心、虚栄

裁判官の慢心にも、度し難いものがある。内心では自分よりえらいものはないと思っている場合が非常に多く、その結果が、前記のような行為、行動となって現れるわけである。そして、裁判官に特徴的なのは、実際には一つとして特別なところなどないにもかかわらず、自分こそは特別だと思っている例が多いことである。いつもは周囲に対して卑屈な態度をとっているような人物ですら、二人だけで出張に出かけたりすると、延々と屈折した自慢や当てこすりめいた物言いを続けるといったことがあるから、本当に安心できない。

当然、自己満足度もきわめて高い。「私は押し付け和解など全くしていない」、「私は常に完璧な合議を行っている」などといった言明を裁判官から聞くことは多いのだが、もちろん、和解を勧められた当事者はそうは思っていないし、左陪席の間でも、まともな合議をしてもらえないので判決が書きにくい、などといった言葉がささやかれているのである。

これは若い人でもあることで、留学試験に一度落ちたからといって退官してしまう、最初の転勤の任地が気に入らないといって退官してしまう、そうした極端な考え方、感じ方も、根にある問題は同じなのである。

また、裁判官の慢心は、日本の司法に特徴的な、パターナリズムの横行、裁判官の恣意的、独善的な訴訟指揮の原因にもなる。

こうした慢心の一つの典型的な例として、日本民事訴訟法学会が二〇〇三年に開催したところの、「現代の民事訴訟における裁判官および弁護士の多重的な役割とその相互関係」に関する国際シンポジウムにおける公式コメンテイターを務めたある裁判官のコメント（須藤典明氏。民事訴訟雑誌五〇号一八二頁以下）を挙げておきたい。「裁判官のパターナリズムのどこが悪いのか？　当事者の中には今でも大岡越前や遠山の金さんのようなタイプを求める人もいる。日本の社会は、言葉や建前とは違って、自己責任や自立には消極的であり、本音では公権力のパターナリズムを求めている。また、裁判官がその権限を濫用しているといったことはまずないと思う」といった内容を含むこのコメントは、実に驚くべきものであり、私には、裁判官として当然備えていなければならない謙虚さを欠く疑いがあるもののように感じられる。「日本の大衆は本音では自己責任や自立からは遠く、お上が面倒をみてくれることをこそ望んでいる」という右のような発言が、学会の国際シンポジウムにおいて、日本の裁判官代表として行われたものであることを考えると、さらに驚きの念を深くせざるをえない。かつては、少なくとも、学会において裁判官代表者（前記のとおり、事実上裁判所当局が推挙している）がこのようなほしいままの、また、裁判所当局のスポークスマンとしての姿勢むき出しの発言を行うことは考えられなかった。近年における裁判官の質の全般的な凋落《ちょうらく》傾向を象徴する発言のように思われる。

（4）嫉妬

裁判官の嫉妬深さも尋常ではない。

私も、本を出すようになってから、嫉妬に基づくとしか考えにくい中傷をたびたび受けた。たとえば、私の著作を中傷する内容の匿名の手紙を、司法研修所で行われる研究会に出席する時をわざわざ選んで、司法研修所の存在する和光市から出版社に送り付けた裁判官がいた。自分の住んでいる場所から出さなかったのは、どこの県から発送したかがわからないようにするためであり（どの県かがわかれば、差出人の大体の推測がつく）、一方、和光市から発送したのは、裁判官読者であることを露骨に匂わせる文面と相まって、出版社と私とに、裁判官が出したものであることをわからせる（いやがらせの意図を明らかにして楽しむ）ためであると思われた。手紙を読んでから調べてみたところ、ちょうどその時期に、私とほぼ同年代の裁判官を多数集めた研究会が司法研修所で行われていることが確認できたのである。卑劣で陰湿なやり方には、怒りよりもむしろ悲しみを覚えた。弁護士や学者には、さすがにこういうことをする人はいなかった。内容はともあれ、少なくとも批判めいたことを書くときには、氏名を明らかにしていた。それが、法律家としての最低限のモラルというものであろう。なお、これは特に目立った一例にすぎない。

また、上層部に対して私に関する密告に近い行為を行った人物も何人かいた。

さすがに、裁判官に任官した時点では、こうした行為を行うような人間はあまりいないだろうと思うから、結局、先のような人々は、裁判所組織の中で、その人間性が決定的、根本的にそこなわれたのだと思う。人間としての基本的なあり方が問われる前記のような行為を平然と行い、そのことに何らのやましさも恥ずかしさも感じず、むしろ病的な楽しみを見出している、それほどに性格と心のゆがんだ裁判官が、ある程度のパーセンテージで確実に存在するのである。

たとえば、こうした人々がもしも旧ソ連に生きていたなら、当局への密告により知人、友人を強制収容所に送り込んだ可能性は、非常に高いであろう。隠れて他人に害を及ぼし、それによって屈折した精神的満足を得るという意味で、両者の精神構造には、基本的な共通性が認められるからである。

一生に一度か二度裁判所に出向くことになったときに、あなたの事件がこのような裁判官に割り当てられ、このような裁判官に「裁かれる」可能性があるとしたら、あなたは、恐ろしくはないだろうか？

先のような経験をしているのは、もちろん、私だけではない。第1章でも触れた倉田判事の在職中、『家畜人ヤプー』の作者が倉田さんであるという内容の手記が雑誌に掲載されてから後には、鬼の首を取ったような口調で彼のことをあしざまに言う人々が、先輩裁判官の間に数多くいた。

弁護士や学者にもそういう例はないわけではないが、一流といわれる人には少ない。他人をねたむ必要があまりないし、みずからの限界の認識をもちあわせているからである。ところが、倉田さんを悪く言ったのは、ほぼ例外なく、裁判官としては成功している人々であった。今思うと、そうした発言は、後記のような精神的抑圧と自己規制が人一倍強いために、また、プライドが人一倍高いために、その反動として出てきたものであったように感じられるのである。

（5）人格的な未熟さ、幼児性

以上のような精神構造の病理の根にあるのは、結局、人格的な未熟さであろう。私は、子どものような部分をもっている人間が好きだが、それは、老成した人格の中に子どものような純粋さや無邪気さ、好奇心、素直な共感の力などが残っている場合のことである。

裁判官の場合は、そうではない。ただ単に人格的に幼いのであり、聞き分けのないむら気でエゴイスティックな幼児性なのである。

感情のコントロールができず、すぐに顔色を変えることが、その一つの現れである。当事者が少し感情的な言葉を使ったときに、当事者のいない席で平謝りに謝る弁護士がいる。若いころ、どうしてそんなことをするのかなとやや不思議に思っていたのだが、後に、あるヴェテラン弁護士から、「それは、ちょっとでも気に障ると激高する裁判官が結構いるからです。それも、そのときだけならかまわないのですが、後から、訴訟指揮や和解で、さまざまな意地悪をして、報復してくる場合がある。ひどいときには、ねじ曲げた理由によって敗訴させられることさえある。そういうことがあるから、気の弱い弁護士は、当事者のちょっとした言動にも気を遣《つか》って平謝りに謝るのです」と聴かされて、なるほどと納得した記憶がある。

また、裁判官によくある、異常にぶしつけな行動も、こうした幼児性の現れである。人の人事について、親しい間柄でもないのに根掘り葉掘りうるさく尋ねてきたり、初対面として紹介された直後に、それも電車の中という人が聞いている場所で、プライヴァシーにわたるような事柄をやはり尋問口調で矢継ぎ早に尋ねてきたりする、たとえばそうした例である。なお、これも先輩とは限らない。こうした人物の共通の特徴は、キャリアシステムにおける自分の地位に異常ともいえる執着をもっており、価値観が一面的で視野が非常に狭く、自分とは異質のものを理解する能力には全く欠けているといったことである。

それでも、民事系、家裁系の裁判官は、さまざまな説得を行う過程で苦い思いもし、当事者が時として示す感情的な反応にも慣れていくから、まだ我慢がきく部分があるのだが、刑事系の裁判官は、法廷では絶対的な権力者であるから、性格の未熟な人物は、そのままでヒエラルキーを上がっていくことになりやすい。「争う余地の十分にある正当な否認であっても、否認すると量刑を重くしてくる裁判官が多い」という話は弁護士から何回も聞いたことがあるが、こうした問題の一つの現れであろう。修習生の評価についても、刑事系のそれは、恣意的で、迎合姿勢の者に対しては非常に甘く、はっきりものをいう者に対しては不当に厳しいということがよくあった。

いずれにせよ、前記のような裁判官の不祥事も、ハラスメントも、こうした人格の未熟さによるところが大きいのではないだろうか？　にせ電話事件、身分帳事件はまるで劇画かぶれの少年の犯行のようだし、近年の、児童買春、勤務時間中のＳＭメール、ストーカー、痴漢、スカート内盗撮、無理やりのキスといった一連の不祥事についても、その幼児性は否定しにくいように思われる。

（6）建前論、表の顔と裏の顔の使い分け

これについては、既に何回も論じてきた。何かにつけ建前でものをいい、考える人が多い。そういうことを続けているうちに、自分の中の生きた感情を見詰める眼を失ってしまい、柔らかさ、人間としてのニュアンスや色合い、寛容さやおおらかさ、広い意味での人間的なエロスといった微妙な美点についても、同様に失っていくことになる。

こうした建前論の反面が、「表に出なければ何をしてもかまわない。談合裁判も、裁判内容の事前リークも、各種のハラスメントも一向に平気」という、裏の世界ではやりたい放題、モラルなし、ルールなしという状況であり、また、日本の官僚裁判官の決定的な特質である「にこやかな表の顔と醜悪な裏の顔」の極端な使い分けである。外の世界に対しては、取り繕い、可能な範囲で迎合し、内の世界に対しては、エゴイスティックな専制君主としてふるまう、その使い分けの巧みさは、きわめて高度な「芸」の領域に達しているといってもよいだろう。

裁判官出身の最高裁判事は、ことに近年は、ほぼ全員が事務総局系であり、事務総局系裁判官は、必ず、建前論の官僚答弁と二つの顔の使い分けに習熟しなければならないことを考えると、第2章で分析した最高裁判事の性格類型は、その当然の帰結ともいえると思

われる。それに長く堪えうるような人間でない限り、事務総局系で裁判官生活を全うすることは難しいからである（堪えることのできない人間は、局長クラスのポストに達する前に挫折していく）。

司法制度改革当時、裁判官批判の文脈で「裁判官の世間知らず」というスローガンが盛んに用いられたが、日本の裁判官の上層部は、悪い意味での世間知なら存分にもっており、その意味では、決して「世間知らず」などではない。「世間知らず」の表現が当てはまるような裁判官は、むしろ、人間的な美点を残した、相対的にみてよい裁判官であることが多いのである。

裁判所に関する限り司法制度改革が全く実を結ばなかったことについては、組織に関する問題が大きいことはもちろんだが、裁判官たちのこうした心のもち方にも原因がある。外向けに表面を取り繕っているだけで、心が少しもこもっていないのに、何かが本当に変わるわけがないのである。

（7）自己規制、抑圧

第3章で、日本の社会、人々の心に存在する二重のラインについて、また、日本の裁判所は、第二のラインによって囲まれる領域がきわめて狭く限定されており、それに触れた場合の排除、懲罰、報復がきわめて過酷な社会であることについて述べたが、このことを裁判官のほうからみれば、「裁判所当局や周囲との関係からしないほうがよいのではないかと思われること」のラインが、心の中に克明に引かれていることになる。彼らは、こうした精神的自己規制の下、周囲の目や思惑ばかり気にしながら、自分を抑圧して生きている。人と異なった判断を下すこと、行動を取ることに何らの痛痒《つうよう》も感じていないアメリカの裁判官とは、完全に対照的である。たとえば、自他ともにエリートと認めるある裁判官が、自己の趣味に関する小さな囲み記事が新聞に掲載されることについてすら、上層部や周囲の目を気にして遅疑逡巡していた例などが思い出される。

そして、事細かな自己規制と激しい精神的抑圧の下で生きているから、少しでもラインに触れた人間のことは非常に気になるし、腹立たしい。前記のとおり裁判官が恐ろしく嫉妬深くかつ非寛容なのは、おそらくこのことが関係している。匿名の密告者や中傷者がその典型的な例である。

また、裁判官の中には、若いころにはおとなしかったのに、所長になると豹変して典型的な権力者タイプになる人がままみられるが、これも、それまでの間の自己規制と抑圧の反動であろう。裁判官の不祥事やハラスメントについても、同様に、反動としての側面は大きいと思われる。

要するに、自己規制と抑圧は日本のキャリアシステム裁判官の基本的な特徴の一つであり、また、これまでに論じてきたような裁判官の精神構造の病理の大きな淵源ともなっていると考える。

(8) 知的怠慢

昔はともかく、今日の裁判官に、深い教養の持主はめったにいない。視野の広い人も少ない。

そもそも、専門外の本を読んだことなどほとんどないという人も多く、裁判官なら本来ある程度は備えていてもよいはずの、心理学、精神分析、カウンセリング等の事柄に関する知識すら、一応でも備えている人はまれである。

一般的な学識や教養に乏しく、したがってものの考え方にパースペクティヴやヴィジョンを欠いており、しかも、法律さえわかっていればえらいと思っている、そうした意味での知的怠慢は、かなりの程度に蔓延《まんえん》しているといってよい。

(9) 家庭の価値意識

家庭の価値意識は、個人のそれと同じく、本来それぞれの家庭に固有のものであることが望ましい。つまり、世間の価値観とは何らかの意味で独立した部分をもっているのが、本来のあり方であろう。

ところが、裁判官の家庭では、親の硬直した価値意識が家庭に直接侵入してくる傾向が強い。そうすると、家族のメンバー、ことに子どもたちにとっては安息の場所がなくなり、それがまた、親にも反映していくことになる。

その結果、裁判官の子どもには、一般に知的能力は高いにもかかわらず、さまざまな問題が生じることが多いように感じられる。登校拒否、引きこもり、自殺等、私が知っている範囲だけでもかなりの数を数えることができ、問題の根は深いという気がする。

登校拒否、家庭内暴力等の問題のある少年たちにスパルタ式の指導、訓練を行い、訓練中に生徒が死亡して問題となった「戸塚ヨットスクール事件」については、まだ記憶している方もあるだろう（一九八三年に傷害致死の疑いで関係者逮捕、起訴）。その戸塚ヨットスクールの子どもたちにも、裁判官の子弟が複数含まれていたことを記憶している。裁判官の家庭には、既にそのころからこうした問題が存在したということである。

(10) まとめ

以上のような裁判官の精神構造の病理については、修習生、すなわち一種の学生がすぐに裁判官になる、それも、きわめて問題の大きい日本型キャリアシステムの裁判官になることによって、本来であれば社会生活の中で矯正されていくはずの個人的な欠点が、矯正されるどころか逆に増幅されていくことによる問題という側面が大きいのではないかと考える。

本来、裁判官などという職業は、さまざまな人生経験を経て、酸いも甘いも相当程度に噛み分けられるようになってから就くことが望ましい。それだけの包容力や耐性をもっていないと、人の運命を左右することは違って、医師とは違って、国家権力、審判者という立場からそれに関わるこの職業は、精神的な負担が大き過ぎ、荷が重過ぎるのである。たとえば、法科大学院の模擬裁判の授業における裁判官役の学生の中にすら、急にテンションが上がって切り口上になる人が何人も出てくるのをみるだけでも、そのことはよくわかる。それに加えて、前記のようなシステムが大きな精神的圧迫を加えてくるわけであるから、元々が坊ちゃん、嬢ちゃんの優等生であった若手判事補たちは、ゆがんでいったり、その欠点が異常に増幅されていったりすることになる。ことに、近年の若手は、育ちがよくてものを知らないから、どんな色にでも簡単に染まる。実際、よいところ、みるべきところのあった若手判事補たちでさえ、その少なからぬ部分が、十数年も経過するころにはかなりの奇人変人になっているのをみるときほど、裁判官をやっていてがっかりさせられることはない。

イヴァン・イリイチの問題とイリイチ以下の高位裁判官たち

本章で論じてきた事柄は、この書物で随時触れてきたとおり、従来、「裁判官の官僚性」として批判されてきた事柄と裏表である。

これは、その本質がみえにくい、非常に悩ましい問題である。裁判官の官僚性の本質についていては、通常の官僚制度の問題を論じるのとも、自分自身（裁判官時代の私）の問題を論じるのとも異なった、微妙な難しさがある。そして、事務総局中心体制に典型的な組織体としての部分における問題のほかに、個々の裁判官個人の問題も存在すると感じられる。また、それらは、一つ一つを見れば色の付いた不定形の粒子にしか見えないものが多数寄り集まっていくといつの間にか一枚の写真（画像）を構成するといった事態にも似て、個別的な問題と全体的な問題を関連させて論じることが非常に難しい性質の事柄なのである。

私の知る限り、この問題について古典的な、かつ、最も深い分析を行ったものは、第2章でも言及した『イヴァン・イリイチの死』ではないかと思う。

時代も国も異なるにもかかわらず、そして、小説のテーマは「個人の救済と恩寵《おんちょう》」という絶対的、宗教的な性格のものであるにもかかわらず、トルストイのこの短編小説は、「個人の意識、個人の基盤が弱い社会における、建前本位の堅固な官僚システムの一員としての、法律家、官僚裁判官の精神のあり方」をリアリズムでえぐるその鋭さ、深さにおいて、驚嘆すべきものを示している。

大貴族であるトルストイが新興中産階級にすぎない法律家の世界の実像を細かく知っていたとは思えないのだが、彼が描き出す法律家、裁判官の世界のディテール、その「一見さまざまなものが保証されているようにみえながら実はそれらの保証は意外にもろいものであり、個人的なトラブル（ここでは、妻や娘との不和と、おそらくは癌と思われる不治の病の進行）が、自己の知力だけを生活の糧にして生きている浮動的な知識人の精神的、物質的基盤のもろさを暴き出し、裸で絶対の前に立たせる」有様の描写は、今日の日本にも十分に通じる普遍性をもちえている。

というより、私は、この小説を読み返すたびに、「トルストイ伯爵！ あなたの描写は、まるで、タイムマシンに乗ってきて日本の裁判官の世界をつぶさにごらんになっていった人のそれのようにみえますよ」と、老巨匠に向かって心の中で語りかけてしまうくらいである。それほどに、トルストイのリアリズムには普遍性がある。人物の名前と背景をいくらか書き換えれば、これは、そのまま、現代日本のお話として通用すると思う。

このすぐれた作品の文学的な側面、「個人の救済と恩寵」に関わる側面については、前記の『対話としての読書』で詳しく論じたのでそちらに譲り、ここでは、「官僚裁判官としてのイヴァン・イリイチ」という側面だけを論じてみたい。

イヴァン・イリイチの官僚性は、一言でいえば、「事態を直視せず、物事の本質を避けて通り過ぎる」というその生き方にある。「何も問題はない。すべては順調である」かのように装い、そのように公言し続けることが、彼の生き方の本質である。その趣味も、教養も、一定の程度には達しているが、同じようなほかの人々のそれと救い難く似通っていて、彼自身が備えていると信じている本当の個性は感じられない。価値観についても同様であり、頭のよい、そして表面的には感じのよい人間でありながら、彼の存在には、人々の心を深くゆり動かすような何か、存在の重みといったものが決定的に欠けている。

彼の本質は、装われたエゴイズムである。

法律家としての彼の眼は、事件や事案の本質、そしてそれに関わる人間たちの思いや感情には触れることなく、ただ、その表層を行き過ぎ、一般的な、血の通っていない規範を、事案に形式的、機械的に当てはめていくことしかしない。すべてを一般論の枠内で効率よく処理するのが彼のスタイルである。そうすることによって、彼は、さまざまな不快や不安をやりすごし、スマートで健全な法律家、裁判官という「役割」を無事に演じていられる。不治の病がそうした彼の生活の基盤を徐々にむしばみ、やがて跡形もなく破壊するまでの間は……。

イヴァン・イリイチに決定的に欠けていたものは、おそらく、「感じ、悲しむ能力」であろう。ヨーロッパで戦争責任に関して用いられた言葉である「悲しむ能力の欠如」が彼の存在を決定付けているように思われる。自己の悲しみを悲しみ、他者の悲しみを悲しみ、人生の最も厳粛な「何か」に触れる、そうした事態を回避し、洗練されたスマートさと自己満足に逃げ込むことによって、イヴァン・イリイチの生活は成り立っていた。彼の小さな王国は、一般性と概念と権威主義によって、そしてヒエラルキーの意識によって、幾重にも塗り固められた空中楼閣であった。

こうした官僚性の一側面は、官僚性の特質全体の中でみれば、比較的上質で整ったものであり、特別な破綻をきたさない限り、その問題点はみえにくい。トルストイが、この短編の主人公に、ごく普通にいえば大きな欠点のない、自己満足的ではあるが能力の高い官僚裁判官を選択したことには、おそらく十分な理由がある。イヴァン・イリイチは、作者にとって話にならないほどに低い人間ではなく、その気になれば、自分を直視し、その苦しみに直面する(言い換えれば、作者の苦しみを分かち合える)だけの強度は持っている人物なのである。実際、イヴァン・イリイチは、作者が彼に課するすさまじい試練に耐え、恩寵に触れながら死んでいく。

私は、裁判官時代に、何人ものイヴァン・イリイチや多数の潜在的なイヴァン・イリイチをみてきたように思う。第2章の表現を繰り返せば、成功しており、頭がよく、しかしながら価値観や人生観は本当は借り物という人々である。その共通の特質は、たとえば、善意の、無意識的な、自己満足と慢心、少し強い言葉を使えば、スマートで切れ目のない自己欺瞞の体系といったものである。

これらは、成功した法律家にはさまざまな形で出てきやすいものであるが、裁判官の場合には、ヒエラルキー的な階梯の中にあってその自覚を欠くときに、ことに顕著な形で現れやすい。たとえば、目下の人に対する接し方、人前でのちょっとした日常的な言葉や公式の場における挨拶の中に、そうした心のもち方、人間としてのありようが隠しようもなくにじみ出てくるのを目にすることがある。

そして、残念ながら、この書物で論じてきたところからおわかりのように、ヒエラルキー型キャリアシステムにおいて、イヴァン・イリイチタイプ以上の裁判官が育ってくることを期待するのは、きわめて難しい。むしろ、イヴァン・イリイチの水準に達している裁判官は、現在の日本では、相対的にみればむしろましなほうの部類に属するのである。

所長や所長代行を含む比較的高位の裁判官にも、第3章で触れた「忠犬裁判官」の例を始めとして、ある新聞に掲載された自分の文章（残念ながら内容は全く思い出せない。記者や編集者が「インクのしみ」などと呼ぶたぐいの代物であった）のコピーを、裁判官や職員に見せたがるのはともかく、公式行事の後の、弁護士等外部の人もいる宴席で配ったり（一種の公私混同行為であり、もしもほかの裁判官が同じことをやったら、おそらく、この所長は激怒したはずだと思う）、よりによって裁判長だけがそろう宴会の席で、中学生でも赤面するような挨拶（これは一つだけ覚えている。「皆さんが秋の紅葉であるとすれば、私のように裁判長の『お兄さん』的な立場の者は、もはや冬の枯れ木といったところです」というもので、表現のあまりの陳腐さと、意味するところがよくわからなかったことから、印象に残っている）を得々と行って皆をしらけさせたり、修習生に対する講話の際に修習生が居眠りをしたというので激怒して司法研修所にいいつけたり（自分の話がつまらなかったから修習生が居眠りをした可能性を考えるならば自分の恥になる事柄なのだが、それには気付かないし、その結果として任官希望の修習生に大きな不利益が及びうることも考えない。ただただ「腹が立つ。あいつが憎い」ということがすべて）、たとえばそうした人物が何人もいた。

これらの行動の背景にあるものは、前記のとおり、自己満足、慢心と、他者という存在に対する認識の欠如ではないかと考えるが、そうした性格特性は、おそらく、激しい抑圧や自己規制と同じコインの裏表をなしているのである。

また、これらの人々に共通している今一つの特質は、これも前記のとおり、メディアや外の人間に対するときのにこやかな表の顔と、裁判官や職員に対するときの醜悪な裏の顔との大きな落差、二つの顔の使い分けの巧みさであった。

たとえばこのようなタイプの人々が、大高裁の裁判長、高裁長官、最高裁判事といったポストにまで就く可能性があるのであり、第2章で論じたとおり、現に就いてもいるのである。

私というケース——一人の人間に立ち返るまで

もちろん、本章の記述には、自省、自戒の意味も込めている。つまり、私自身、ことに若いころには、せいぜい、いくぶん自覚的なイヴァン・イリイチという程度の存在であったのかもしれないとは考えている。

ただ、私は、自分の中にひそむ矛盾に気が付いてはいた。その矛盾に起因する心の中の悶えやもやもや、私の生き方、私の生育歴や精神形成に含まれていた葛藤が形をとって現れたのが、第1章でも触れた最高裁判所調査官時代のうつの発病だったのだと思う。ちょうど四〇歳の時のことであった。

入院していた病院で私が悟ったのは、人生の単純さということだった。一本のロウソクが小さく点り、しばらくの間輝き、やがて燃え尽きる。結局、人生というのは、それだけのことであり、そういう単純なものなのだ。私は、なぜ、ただそれだけのことを、こんなに難しくしているのだろう？

私の元々の資質は、おそらく、前記のとおり、社会・人文科学系統の学者のそれであり、また、私は、庶民的な、ひなびた下町で生まれ育ち、かつ、子どものころ以来、さまざまな書物のみならず、あらゆる芸術とその批評に深い興味を抱いてきた。文学、音楽、映画、漫画等の芸術は、私にとっては、血を分けた兄弟、あるいはその性格や癖まで知り尽くしている幼なじみにも等しい存在であった。そうしたバックグラウンドは、法学者をも含め、法律家としては珍しいほうに属するであろう。さらに、三重県にある私の父の生地は瀬木《せぎ》という比較的珍しい姓の発祥地であるが、その創姓者は今川氏の分流であると伝えられ、父の一族には、独立独歩の自由主義者、合理主義者が多かった。私は、そのような意味では、日本社会における少数派の血を色濃く引いた一族の末裔《まつえい》でもあった。

そのような人間にとって、上命下服、上意下達の宮仕え、役人生活は、元々かなり無理があった。屈折し、ゆがめられた上昇志向も、本当をいえばそういうものに大きな意味を見出すことができない人間にとっては、苦痛を伴う精神的なお荷物にすぎなかった。

一言でいえば、それまでの私の生き方は、世間を無視したいと思いながら一方では世間を見返してやりたいとも願う父の矛盾した生き方や人生観の、知的な再生産にすぎなかったのである（なお、父は、私が四二歳の時に亡くなった）。

もっとも、以上は、現時点における私の分析であり、当時の私に、そうしたことがはっきり認識できていたわけではない。そして、当時の私が、自分を知りたい、自分の内面にさかのぼってみたいと考えて始めたのが、関根牧彦という筆名によるエッセイ、創作、評論等の執筆であった。執筆を始めた契機は、日本のプラグマティズム（哲学流派、哲学的方法としての）の代表的存在である鶴見俊輔氏に何通かの手紙を書き、大阪高裁勤務時代にお会いして、執筆を勧めていただいたことによるが、本格的に取り組むようになったのは、この闘病体験以降である。

筆名による私の四冊の書物を貫くテーマは、イノセンス、人間の根源にあって変わることのない固有の生命の形ということであるが、それらの書物が、ジャンルは異なるにせよ連作という形を取って成立したのは、私が、官僚裁判官としてのみずからの生活の中で、自分の内にある根本的なもの、変わらないものの探究とそこへの遡行《そこう》の旅を行わざるをえなかったという事情によるものと考えている。

同様に、私の研究も、筆名による執筆と地続きのところで行われた本質的には無償の作業であった。

結局、私が、何とかイヴァン・イリイチ的な拘束を脱して一人の人間に立ち返ることができたのは、闘病、筆名による執筆、実名による研究、執筆という三つの体験を通してであったということになる。逆にいえば、元々官僚裁判官としてはかなり異質な存在であった私の場合でさえ、イヴァン・イリイチ的な拘束を脱するためには、それだけの大きなエネルギーを要する体験、作業が必要だったのである。

闘病生活を送り、筆名、実名の執筆を行うことによって裁判官としての私に起こった変化の一つに、当事者の気持ちが以前よりはわかるようになったということがあると思う。

司法修習の修了後すぐに任官する日本の裁判官には、当事者の気持ちがなかなかわからない。わかる、わかると言っていても、口先だけのことか、自分をあざむいている場合が多い。私は、その中でいえば、下町の貧しい家庭で育ったことや書物、芸術等に親しんだ経験から、まだしもいくらかは人の気持ちを想像することができるほうであったとは思うが、やはり、それには大きな限界があった。それは、結局、大学を出てから官僚組織に直行して、本当の悲しみも喜びも知らなかったことによるところが大きいと思う。

本を書くというのは、一見はなやかな行為にみえるが、実際には、著者とは、すべてをみずからの手で主張立証しなければならない弱い原告にすぎない。ことに、最初の時点ではそうである。ある程度の実績を積むまでには、著者は、かなりの辛酸をなめ、血のにじむ思いもしなければならない。しかし、また一方、書物というのは、少なくとも数人の人間の無償の好意や編集者等の後押しがなければ到底出せるものではないから、人の情けが身にしみてわかる、金では決して買えないものが世の中には存在することがわかるという、普通では得難い体験もする。

当事者の気持ちがわかるというのは、ある意味では、そんなに難しいことではない。「うん、くやしかったね、悲しいね」、「ああ、それはつらいねえ」、あるいは、「確かに、あなたにもまた、言い分、言いたいことはあるよね」という、そういうさりげない共感をもって人の心、気持ちを想像できるか否かということなのである（もちろん、実際に口に出す際にはもう少していねいな言葉にするが）。しかし、普通の学校教育の中でこれを身につけることは容易ではない。何らかの切迫した実体験が必要なのである。

しかし、日本型キャリアシステムの中では、決して、そうした実体験は得られない。むしろ、最初は初々しく純粋であった若者たちについてさえ、知らず知らずのうちに人の心を少しずつ失わせていくのが、このシステムの特性なのである。

第6章　今こそ司法を国民、市民のものに

——司法制度改革の悪用と法曹一元制度実現の必要性

日本のキャリアシステムの非民主性

日本のキャリアシステムは、本当に問題が大きい。

一言でいえば、非人間的なシステムである。

その構成員には、本当の意味での基本的人権がない。集会結社の自由や表現の自由はもちろん、学問の自由にも、思想および良心の自由にも、大きな制約が伴う。日本国憲法第一三条には、「すべて国民は、個人として尊重される」とあるが、裁判官は、一握りのトップを除いては、個人としてほとんど全く尊重されていない。

虚心にその実態を見据えれば、人間というよりも、むしろ制度の奴隷、精神的収容所の囚人に近く、抑圧も非常に大きい。

第3章でも述べたことであるが、その構成員が精神的奴隷に近い境遇にありながら、どうして、人々の権利や自由を守ることができようか？　みずからの基本的人権をほとんど剝奪されている者が、どうして、国民、市民の基本的人権を守ることができようか？

相撲の番付表にも似た微細な格付けのあるヒエラルキー的官僚システムは、戦前のような半全体主義体制下の裁判所であればともかく、本来、民主制下の裁判所にふさわしいものでは全くない。

大学に移った最初の年、半年余りの間、私の悪夢の定番は、「やめたはずなのになぜかまだ裁判官をやっている」というものだった。夢の中で、私は、あの見慣れた建物、清掃が行き届いているのにいつもなぜか薄汚れて見え、採光がよいはずの場所でもなぜか薄暗く感じられる建物の一つの中にいて、机の上には古い訴訟記録があって、私は、その場所に縛り付けられたように動けないのである。

ある弁護士の後輩が、「でも、逆よりいいじゃないですか？」と言ったが、確かに、「夢の中ではやめていたのに覚めたらまだやっている」というのだったら、生きる気力を失ったかもしれない。笑えない冗談である。

前記の収容所システムには、本当の意味での収容所長も存在しない。マルクシスト詩人による次のような一節が、この世界を一言で表現している。

「街はおおよそ闘われた掟のはてにあり
首長も敗者　宿泊者もそうだ」（吉本隆明「反祈禱《きとう》歌」）

最高裁長官も、最高裁判事たち（とりあえず、裁判官出身者以外は除外しておく）も、ある意味、システムの奴隷であって、主人ではない。

おそらく、フランツ・カフカが短編『流刑地にて』で描いている処刑機械、その主人をも処刑してしまう不条理な精密機械こそが、このシステムの真の支配者なのだろう。最高裁長官や最高裁判事たちは、むしろ、嬉々としてその機械に自分を処刑させる将校のほうに似ているように思われる。

大学に移ってから裁判所の噂を聞いて一番空しくなるのは、信頼していた先輩や指導した後輩の悪評を聞く時である。「えっ、彼（彼女）がそんなことをするの？　そんなことを言ったの？　いや、あの人は部下思いのいい人だと思っていたけど、今はもう違うのかなあ？」といった受け答えをしなければならないことが、結構ある。また、前記のとおり、システムの中で人間性が決定的、根本的にそこなわれる人々も多い。

以上は、決して私だけの意見ではない。元裁判官、それも、私のように研究に打ち込むようになって途中で転身した人間だけではなく、最後まで勤め上げて退官し弁護士をしている人々の意見も、私とあまり変わらないことがままある。

私自身の言葉ではなく、ある学者のメールから一つ引いてみたい。文中の名前を伏せ、敬語表現を整えた以外は、原文のままである。

「昨晩は元判事の○○さんと夕食をとりました。いつ話しても、本当に信頼できる方です。

○○さんも司法制度改革には大変辛口でした。そして裁判官の劣化も著しいと嘆いていらっしゃいました。弁護士の就職難がひどいから少なくとも裁判官にはいい人材が集まるのではないですかと申し上げたのですが、『紛争の本質を考えようなどというタイプはいなくなりました。ごく形式的に手抜きで事件処理をする判事ばかりです』と、あの温厚な○○さんがそこまでおっしゃるのかと思いました」

これが、元良識派裁判官によくある典型的な見方の一つであり、私も、

「本〔『民事訴訟の本質と諸相』〕は読んだよ。あんたも法曹一元のほうがいいと思うようになったか。俺もそうだ。最近の裁判官はひどい。ここまできているとは思わなかった。あいつら、ともかく、頭《ず》が高いよ、視線が高いよ。当事者のことなんか少しも見ちゃいない。しかも、判決も和解も事なかれ主義でいい加減だし、きちんと考えていない。争点整理のときの言葉から、〔訴訟〕記録もろくに読んじゃいないことがよくわかるしなあ。いやいや、裁判所はお先真っ暗だよ」

などといった感想には、よく出会うことがある。

つまり、全体的にみて、モラルと士気の低下傾向が否めないということである。まさに、裁判所は、「ここは敗者でいっぱいの街」とブルース・スプリングスティーンが名曲「サンダー・ロード」において歌った、そのような場所となりつつあるのだ。

ある最高裁長官が、新任判事補に対する辞令交付式で、「ヒラメ裁判官はいらない」という訓示を行ったことがあった。上ばかりみている裁判官はいらないという趣旨である。

これもまた、実に苦い冗談であった。究極、超絶の冗談と評価すべきであるかもしれない。

システムの最も大きな歯車の一つとなってヒラメ裁判官を大量生産してきたのは、ほかならぬあなた、あなた方ではないのか？　二つの顔の使い分けばかりを続けてきた結果、自分のしてきたこと、していることすら、もはや全くみえなくなってしまったのか？　あるいは、二枚舌がすっかり習い性となってしまい、そのことについての自覚すらもてなくなってしまったのか？　いやいや、そうではなく、実は、あれは単なる言い間違いであって、本当は「ヒラメ裁判官以外はいらない」と言うつもりであったのかもしれないが。

もちろん、今でも、かなり少数派にはなってしまったが、いい裁判をしようと心がけて日々仕事に励んでいる良識派裁判官、良心的な裁判官も一定の割合存在する。彼らの存在が何とか裁判所の信頼を支えているといってもよいだろう。しかし、彼らがシステムのキャスティングヴォートを握ることは、絶対にありえない。一方、官僚機構というものは、そのトップに立った人間でなければ、ほんのわずかにであってもいじることのできない代物なのである。

裁判官の能力低下傾向、優秀な裁判官の離散傾向

裁判官の能力低下も大きな問題である。日本の裁判システムは、裁判官の能力が高いこ

とを前提にして彼らに大きな裁量を与えているから、裁判官のモラル低下ももちろんだが、平均的な能力の相当の低下だけでも、惨憺《さんたん》たる結果を生みかねない。

新任判事補の能力低下傾向については、第3章に記したとおり、今に始まったことではない。既に、バブル経済の時代には、平均的な修習生のレヴェルに達しない能力、成績の者がかなりの数裁判官に採用されていたのであり、彼らがそろそろ裁判長の年齢にさしかかっているのである。また、こうした傾向は、不況期に入ってからも全く改善されておらず、むしろ、さらに悪化している。

そして、私が本書で述べてきたような裁判所・裁判官制度の問題点の根本的、抜本的な改善が図られないならば、今後の優秀な人材の確保は、ますます難しくなっていくはずである。

それでは、裁判官全体についてはどうなのだろうか?

近年、一流の学者から、「最近、以前に比べると、最高裁判所調査官や司法研修所教官の質が落ちてきているということはないでしょうか?」という問いかけを聞くことが時々あった。判例解説や論文等を読んで、あるいは何らかの機会に接触しての感想である。

また、東京地裁、東京高裁の裁判長のレヴェルについても、以前よりもムラが大きくなっていて、必ずしもすぐれた裁判官とは限らなくなっているのみならず、はなはだしい場合には、これが本当に東京地裁、東京高裁の裁判長かと思うような訴訟指揮、和解、判決に出会うことがあるという感想を、弁護士からはよく聞くし、前記のとおり、元裁判官の間にも、あるいはヴェテランの現役裁判官の間にさえ、そういう声はある。

以上のような傾向は、裁判官の質の全般的な低下を示唆する重要な徴表ではないかと考える。

その原因については、キャリアシステムの疲弊、荒廃ということのほかに、第3章に記したとおり、以前よりも人事に客観性がなくなってきていることがあると思う。特定の高裁長官、高裁の裁判長、あるいは所長（より一般的にいえば特定の上司となるが、東京高裁の裁判長や大地裁の所長の評価権は際立って大きい）が高く評価しただけで、能力に欠ける人が抜擢されるといったことが目立つし、特定の裁判官（たち）が特定の後輩（たち）をえこひいきしてよいポストに就かせ続けるといった、はっきりした情実人事も目立つようになっており、たとえば、裁判所トップとの間に強力なパイプをもった特定の女性裁判官が、自分の息のかかった後輩女性裁判官たちをあからさまに引っ張り上げる人事を行わせ続けた例などが思い出される。

ことに、第2章で論じたとおり、司法行政の上層部ではそうした人事が目に余るようになってきていたし、また、若手についても、能力の高い人が必ずしも認められないという、以前には考えられなかった事態が生じ始めていた。

修習生の志望という面からみると、ここ二〇年ほど、すぐれた修習生の多くが弁護士になる傾向が強まっているのは、実際に修習生を指導しているとよくわかった。私がこの人はと思って指導し、先方も慕ってくれて年賀状等をくれる人たちの七、八割が弁護士という印象である。

さらに、第3章に記したとおり、近年、裁判官をやめる人が昔に比べて多くなっている、それも、比較的優秀な裁判官がやめていく傾向が強い、ともいわれている。東京中心で勤務しているいわゆるエリート層の裁判官の中にさえ、現在の裁判所の状況や裁判官生活に愛想が尽き、退官して弁護士になりたいという相談をしてくる人が結構いるという話を、成功しているヴェテラン弁護士から聞いたことも複数回ある。

「太平洋戦争になだれ込んでいったときの日本について、数年のうちにリベラルな人々が何となく姿を消していき、全体としてみるみるうちに腐っていったという話を聞きます。国レヴェルでもそうなのですから、裁判所という組織が全体として腐っていくのは、よりありうることだろうと思います」

という、第2章でも引いたある学者のコメントを思い出していただきたい。優秀で良心的なメンバーが、疲労、幻滅、失望、絶望し、櫛の歯が欠けるように抜けていくのは、あるいはその機会さえあれば抜けたいと考えるようになっていく（後者の数はもちろん前者の数よりもずっと多いことに注意すべきである）のは、組織の典型的な末期的症状である。近年のキャリアシステムの疲弊、荒廃は、もう、そういうところまで進んできているのだ。

つまり、「日本の裁判官は優秀である」などといった言葉は、もはや、ただの神話、幻想になりつつある。行政官僚についてはかなり以前から進行してきた質の低下が、裁判官、すなわち司法官僚についても顕著になりつつあることを正確に認識しておかないと、本当に取り返しのつかないことになる。実務を知る一学者として、警告しておきたい。

裁判官の能力について一言補足しておくと、それは、裁判所の問題であると同時に、それ以上に、司法制度全体の問題だということである。裁判官の能力不足のつけは、結局、制度利用者、つまり、国民、市民と弁護士がかぶることになるからである。

前記のとおり、裁判官としての能力に欠ける裁判官のことを、弁護士は「池ぽちゃ裁判官」と呼ぶという話を聞いたことがある。ゴルフのたとえである。裁判官出身の学者としては耳が痛いが、そのような裁判官に当たった弁護士の困惑をうまく表現していると思う。

しかし、これまでの日本の制度では、裁判官の水準がまずまずそろっていたから「池ぽちゃ」程度ですんだのであって、これが、「池どぼ」になったら大変である。

平均的レヴェルの裁判官の能力に大きなばらつき、極端な低下が生じるような事態となれば、キャリアシステムの根幹に関わるが、かといって、そうなったのを改善するためにあわてて泥縄式に法曹一元的な制度を導入するといっても、すぐれた弁護士がこぞって任官するようなことはおよそ考えにくいから、もう一度裁判官の質を一定水準まで引き上げることは、困難をきわめるであろう。水際に落ちた程度のボールならちょっと服が濡れる程度で拾えるが、泥の中に深くもぐったボールを掻き出すコストは非常に大きなものとなる。こうした観点からも、法曹一元制度への移行ないしそのための基盤整備は、できる限りすみやかに行われることが望ましい。手遅れにならないうちにということである。

キャリアシステムの実質的な崩壊の可能性

本書で論じてきたところから明らかなように、日本のキャリアシステムは、その性格からすると、本来、自動的にその構成員をそこなう傾向が強いものである。たとえば民事裁判についてみると、困難な法的判断に対する裁判官の及び腰、事なかれ主義の大勢追随傾向、和解の強要や押し付けといった第4章で論じたような問題があるにもかかわらず最近まで何とかそれがもちこたえてきたのは、ひとえに裁判官の質が一定程度そろっていたからであり、そのために、少なくとも、平均的な裁判官には、人に後ろ指をさされまいというプライドはあったからである。

しかし、近年は、前記のとおり、そうした基盤も徐々に失われつつある。

また、日本のキャリアシステムには、任官希望をもつ人々の一般的な権力志向、上昇志向という問題もある。これは、隠されており、本人も気付いていないことがままあるが、語られることの少ない事実、真実であると思う。

私自身、もうこのような組織で上層部までいこうとは考えまいと思ったのは、二回の最高裁勤務経験を経てのことであり、それまでは、隠された上昇志向をもっていたと思う。そして、私が知っている多数の裁判官たちの顔を順次思い浮かべてみても、たとえば左派やそのシンパサイザーであった裁判官の相当部分までをも含め、顕在的に、あるいは潜在的にそうした志向をもっていなかった裁判官は、むしろ稀有ではないかという気がする。

しかし、これは、おそらく、健康的なことではない。むしろ、不健康なことである。たとえば、若いときから最高裁判事になろうという野望を胸に秘めて裁判官生活を続けるなどといったことになれば、その人物は、どんなによくてもイヴァン・イリイチ以上の存在になりようがないからだ。その結果が、第2章で分析した最高裁判事の性格類型なのである。

小さな、根拠のわからない差を細かく付けながら構成員を相互に競わせるラットレースの魔力に抵抗できるタイプの人間は、残念ながら、日本型キャリアシステムの構成員にはまれなのである。

私は、このシステムはやがて実質的に崩壊すると思っている。その崩壊は、裁判官の能力とモラルの地滑り的な低下、裁判、和解、訴訟指揮の質の同様の低下といった、一気にその結果がみえるというわけではない形を取って、徐々に、しかし確実に訪れるのではないかと考える。

そして、いったんそうなってしまえば、たとえ最高裁がいくぶん立派な判決を出していても、ほとんど意味はない。下級審裁判所こそ裁判の生命線なのであり、それが致命的にそこなわれれば、その司法システムはもうおしまいである。

もちろん、その時期はわからない。おそらくは戦前から長くもちこたえてきたシステムだから、まだかなりの期間もちこたえるのかもしれない。しかし、私には、根本的に非民主的なこのシステムが、民主制の下で永久にもちこたえるとは思えない。旧ソ連が必然的に崩壊したように、それが内部から崩壊する時が、いつかはくるのではないかと思う。そして、旧ソ連の崩壊後マフィア的な勢力が権力を握ることによって体制の本当の民主化が妨げられたのと同じような結末をみることは、避けるべきではないかとも考える。

弁護士任官制度と判事補の他職経験制度の限界

しかし、裁判所・裁判官制度の改革は、決して小手先で行えるものではない。そのことを端的に示す例として、司法制度改革前から存在する弁護士任官制度と、やはり改革前から存在するが改革によってその対象が判事補全員に拡張された判事補の他職経験制度について触れておこう。

現在の弁護士任官制度（一定の経験のある弁護士を常勤、非常勤〔調停事件担当〕の裁判官として任用する制度）は、任官する弁護士の数がごくわずかであることと、すぐれた弁護士が任官する例がそれほど多くはないこととによって、法曹一元制度の趣旨の部分的実現といった制度趣旨からは、きわめて遠いものとなっている。

本書で私が記してきたところからもおわかりいただけるとおり、見えない網の目のように張りめぐらされた強力な精神的統制に染まらないほどに強靱な知力、精神力をもった、なおかつ優秀な人物が任官するのであれば、数は少なくともそれこそ一枚岩に太い釘を打ち込むような効果が期待できるかもしれないが、常識的に考えてみても、すぐれた、そして成功している弁護士が、現在のような制度の下で、安定した地位を捨てて、うまくいくかどうかわからない仕事に就くリスクをあえて冒してまで任官する例があまり多くはないだろうことは、容易に想像がつく。現在の裁判官の仕事に、そうした不確実な転身を促すほどの魅力はないからである。そして、裁判官の仕事を何とかこなすことで精一杯の弁護士任官者では、間もなく、一枚岩に取り込まれて、「壁を構成するもう一つのレンガ（アナザー・ブリック・イン・ザ・ウォール）」となってしまうことは、目にみえている。法曹一元制度の趣旨の実現は、根本的、抜本的な制度改革を行わない限り困難なのである。

もっとも、弁護士任官者の名誉のために付け加えておくと、官僚裁判官特有のはなはだしい慢心、自己規制と抑圧、その反面としての嫉妬深さといった短所は、弁護士任官者にはあまりみられない。当事者の気持ちもキャリア裁判官よりはよくわかっており、したがって当事者の納得のいくような和解を成立させることが上手な人は多く、そうした側面では当事者にとってよりよい裁判官でありえていると考える。

なお、この制度が、制度はあっても任官者数は少なく、ことに最近はその傾向が強い（二〇一〇年度に至ってはわずか一名。なお、ここでいうのは、常勤の裁判官としての任官者）のは、この制度に前記のような限界、問題があるのもさることながら、事務総局自体、本当をいえば弁護士任官者を採りたくないからではないだろうか？　最近は司法制度改革のほとぼりも冷めてきて、外向けのポーズとして最低限採用しているだけという本音が露骨に出るようになってきているということなのではないだろうか？　また、大多数の弁護士にはそのことがわかっているから、希望者もきわめて少ないのではないだろうか？

いずれにせよ、弁護士任官制度の現状が、裁判所当局の、「外向けのポーズとして一応制度の表面だけは取り繕う傾向」を如実に示すものとなっていることは明らかである。

制度の表面だけを取り繕う結果に終わっているもう一つの改革が、判事補が一定期間企業、官庁、弁護士事務所等に実質的に出向するいわゆる判事補の他職経験の制度である。たとえば企業でしばらくの間「お客様」として過ごしてみたところで何かが本当に身につくとは思えないし、官庁への出向に至っては、元々官僚的な性格の強い日本の裁判官にとってプラスの意味はほとんどなく、かえって悪い知恵を付けてくるのが関の山であろう。弁護士事務所出向の場合には、それよりは意味があるかもしれない。しかし、いずれにせよ、私は、こうした出向によって判事補の人間としての幅が広がり、当事者の気持ちもわかるようになったなどという例を全くみていない。キャリアシステムという収容所的な制度、枠組みの中にいて一時そこから出向するだけでは、その意味はおのずから限られよう。

もしもこの制度をより意義のあるものにしようというのであれば、たとえば、判事補全員について、総合法律支援法に基づく法テラス（日本司法支援センター。常勤スタッフ弁護士が多数存在）のような公益を目的とする機関で数年間の弁護士経験を積ませる、やはり弁護士として、社会福祉あるいは家族や子どもの問題などを扱う国民生活に密着した公的機関における法的サポートの仕事を数年間体験させるなどといった方向を考えるべきであろう。しかし、このような方向については、事務総局は、拒絶反応を示す可能性が高いのではないかと思う。そんなことをして、判事補たちの「大きな正義」と「ささやかな正義」に関する感覚がちょっとでも目覚めたりしたら、大変不都合であり面倒だからである。

司法制度改革を無効化し悪用した事務総局解体の必要性

キャリアシステム改善の方向性については、私も、『民事訴訟の本質と諸相』において論じている。要点は、その書物で論じたような意味における裁判官の自己客観化、行政組織的な部分一般の可能な限りの簡素化と透明化、そして、人事の透明化、能力を中心とした評価の公正化といったことである。

最高裁判所事務総局の組織を最大限整理し、透明なものとし、その強大な権限を縮小するのが何よりも重要であることもそこで論じた。

しかし、問題は、はたしてそれが可能なのだろうか、ということである。もはや自浄作用が期待できないと思われるキャリアシステムの根本的、抜本的な改善は、外から行うほかないが、それは、おそらく、きわめて困難である。

なぜなら、二〇〇〇年代に行われた司法制度改革の主要な目的の一つが、キャリアシステムの改善であったにもかかわらず、裁判所当局は、第2章、第3章で詳しく論じたとおり、それを骨抜きにし、無効化するのみならず、悪用さえしてきたからである。

また、これが決して竹﨑長官一人の問題ではないことも、既に記したとおりである。現在の裁判所は、もはや、官僚機構退廃の「毒」が全身に回った状態となっており、根本的、抜本的な改革が行われない限り、彼が退官した後にも、また、刑事系裁判官による人事支配の一時期が終わった後にも、なお同様の傾向が継続する可能性はきわめて高いのである。

要するに、司法制度改革は、日本の裁判所・裁判官制度の問題の根源、諸悪の根源となっている最高裁判所事務総局の多様でかつ外からはみえにくい裁判官支配・統制、そして、上命下服・上意下達の徹底という問題を素通りし、事務総局中心体制を無傷のまま温存してしまうという根本的な過ちを犯したし、裁判員制度の導入決定後はむしろそのような体制が強化され、現在では、一枚岩の最高裁支配、事務総局支配、上命下服、上意下達のシステムが、以前にも増して固められてしまっている、ということである。

たとえ再度外からの制度改革を試みたとしても、最高裁判所は、事務総局は、間違いなく、手段を選ばず、それを骨抜きにし、無効化し、場合によっては悪用しようとさえするだろう。司法制度の改革に関する法案を準備、作成する法務官僚は裁判官が出向していることを考えれば、それは、簡単なことである。重い前科を有する裁判所当局をもう一度信用しろといわれても、私には到底できない。もう苦い経験は繰り返したくない。利用者である国民、市民も、二度まであざむかれたくはないと考えるのではないだろうか？

私は、日本の裁判所・裁判官制度の根本的、抜本的な改革については、法曹一元制度の採用、導入とともに、最高裁長官の地位をたとえば大学における学部長と同性格の同輩者中のトップとして純化し、司法行政権は本来の建前どおり最高裁判所裁判官会議にガラス張りで帰属させ、諸悪の根源である最高裁判所事務総局を基本的には解体し、裁判官の任用、再任、配置は、最高裁から簡裁に至るまですべて真に開かれた透明なシステムで行われるようにし（人事局については完全に解体すべきである）、事務総局のそれ以外の純粋行政系セクションの仕事は、たとえば大学と同様に純粋な事務方に行わせ、事件系セクションについては、もしもどうしても残すのであれば、やはり知的作業を行う事務方として、若手の優秀な裁判官に新たな立法の際の純粋な資料作成や研究会のお膳立てだけを行わせる（裁判所当局の方針を裁判官たちに押し付けるようなことは一切禁止する）方向で進めるほかないのではないかと考える。事務方の名称も、全体主義的共産主義国家の中央官庁を思わせる「事務総局」などではなく、最初のころのように「事務局」に戻せば十分である。もちろん、法務省を「陰の事務総局」とするような策動も許してはならない。

ともかく、根本的、抜本的な改革を行う際には、死に物狂いで抵抗するに違いない裁判所当局や法務省を、絶対に信用しないことが必要である。

法曹一元制度実現の可能性、必要性

もっとも、法曹一元制度の実現については、日本の弁護士の現状をみる限りかなり先の話なのではないかという意見もある。

しかし、私は、「弁護士の中のすぐれた人々」が裁判官になることを可能にするような条件さえ整えれば、法曹一元制度の実現は、日本においても難しいことではなく、むしろ十分に可能であり、また、望ましいことでもあると考える。

なぜなら、私は、日本の弁護士層の厚みは、既に法曹一元制度を支えるに足りるだけのものとなっていると思うからである。また、さまざまな意味で弁護士の中のすぐれた人々が裁判官になるならば、日本の裁判、その判断の質や創造性、民主性、また和解の内容と透明性は、最高裁においても下級審においても、確実に向上するであろうとも考えている。

裁判官の能力については既に触れたが、本当をいえば、裁判官の多数が、本書に記してきたような意味をも含めてすぐれた裁判官としての条件を満たしているとは到底いえない状況にあることは、私が接してきた範囲のすぐれた弁護士のほぼ全員、そして、すぐれた裁判官の多数が、異口同音に認めていたことであった。

私があえてそれをここに記す理由は、法曹一元制度を採用すると裁判官の能力が大幅に落ちるという意見は必ずしも正しくない、すぐれた人々が多数を占めるような制度設計をしさえすれば何ら問題はない、ということを確認しておきたいからである。

もちろん、ここですぐれた弁護士というのは、超高収入の弁護士という意味ではないし、有能な雇われガンマンのような弁護士を意味するものでもない。能力と識見の双方においてすぐれ、広い視野をもち、裁判官がなしうることについての認識において謙虚であり、また、人の心の痛みがわかる弁護士という意味である。ことに、視野の広さと謙虚さは、現在のキャリア裁判官に欠如しがちな資質であるから、法曹一元制度実現の際にその下で裁判官となる人々には、ぜひとも備えておいていただきたいと考える。

なお、知的能力の点だけに絞ってみた場合に弁護士はキャリアシステムの裁判官に劣るのではないかと考える読者がいるかもしれないが、弁護士の中の高能力の部分と比較すれば決してそのようなことはない（全体を比べるならば、任官できる成績のレヴェルには下限があり、それに満たない人は弁護士になるほかないのだから、相対的に裁判官のほうが高くなるのは当然のことである）。

実をいえば、昔から優秀な修習生のマジョリティーは弁護士になっていた。一つの例ということで挙げるにすぎないが、私が司法試験に合格した年の、東大における大学四年生の合格者十数名のうち、裁判官になったのは四、五名であり、後の人々は大半が弁護士になったと記憶している。また、前記のとおり、近年は、私の知る限り、優秀な修習生の七、八割は弁護士になっている。つまり、長期不況の下にあってさえ、弁護士の人気は上昇し続けてきている。近年メディアによって弁護士について行われているネガティヴキャンペーンは、誰がそれを導いているのかよくわからないが、右のような実態を正しく伝えていない。

裁判官は、少なくともたとえば一〇年ないし一五年以上の経験を有する弁護士、あるいは学者から採用することとし（アメリカの州最高裁や連邦裁判所の裁判官には、学者から〔一時的に〕登用される人がある程度いた）、場合によっては、より広く、弁護士や学者以外の法律のエキスパートの中からも、一定の試験による選別を経た上での登用を考えてもよいのではないだろうか。これは、裁判官になることを希望する弁護士の厚みと多様性が未だ不十分な場合の補充策である。

法曹一元制度の前提としては、①裁判官の執務態勢をなるべく余裕のあるものとすること、②裁判所に自由な雰囲気を採り入れ、すぐれた弁護士が一度は、あるいは一生やってみたいと思うような環境整備をすること、③裁判所システム全体としての判断の厚み、質、多様性が十分に保てるよう、最高裁のほか、できれば高裁についても、アメリカのロークラーク的な補佐官の制度を構築すること、といった条件が満たされる必要があると考える。

以下、順次解説を加えていきたい。

まず、①については、第一審の判決は、結論と結論を導くに至った理由をわかりやすくかつ的確に示せばそれで足りるとの割り切りをしさえすれば、その実現は難しいことではない。裁判官の負担の大きな部分は判決書の作成にあるといわれているからだ。また、裁判官の能力水準さえ保たれていれば、そのような判決にしたとしても、誤った判断がなされる事態が増えることはないと思う。それではどうしても心配であるというなら、合議事件についてだけ従来のような詳しめの判決としてもよいだろう（もっとも、相当の実務経験のある弁護士が裁判官になる法曹一元制度においては、第一審は単独の裁判官による裁判を原則とし、三名の裁判官による合議事件については現在よりも限定するのが相当であろう）。また、判決のあり方を右のように変えていくことにより、裁判官が判決を書く負担を免れるために和解の強要、押し付けに走るという傾向についても、改善することができるだろう。

なお、日本の裁判官が本当に「きわめて」多忙なのかという点については、第4章で詳しく論じたとおりであり、少なくとも現時点では、そうはいえないと思う。アメリカとの比較でいえば、おそらく、日本の民事裁判官はアメリカの裁判官よりやや忙しいであろうが、刑事裁判官はせいぜい同程度ないしはやや余裕があるのではないだろうか（なお、アメリカの裁判官は私の留学当時よりは忙しくなっていると聞いており、そのことを踏まえた記述である）。私がここで判決の合理化について論じたのは、法曹一元制度における裁判官の職業としての魅力を高め、志望者を増やすという観点からのことであり、現在の裁判官の負担があまりに重過ぎると考えるからではない。

次に、②については、そのような環境整備のために何をすればよいかは、この書物の各所で既に示唆してきたと思う。アメリカの裁判官の給与水準は、私の知っている州裁判所のそれをみる限り決して高くはない（日本のほうがはるかに高い）が、それでもなり手に事欠かないのは、それこそ良心に従って裁判をしさえすればよいし、極端に多忙でもなく、社会の動きに関わっているという実感ももてるというその仕事のあり方が、大変魅力的だからである。それを見習えばよい。また、裁判官の転勤についても最小限とし、裁判官の数が足りないような地域についてだけ東京等から交代で赴任するという方向に進むべきであろう。

最後に、③については、アメリカのように、法科大学院を優秀な成績で卒業した人々が最初の仕事としてロークラークになるよう、給与条件や勤務条件を整えればよい。それよりも重要なのはロークラークの就職先であり、大学や弁護士事務所が、採用に当たってロークラークの仕事を終えた者を優遇するようにすれば、ことは簡単であると思う。そのようにしてロークラーク経験者の評価が高まれば、必ずなりたい人も増える（アメリカでは、ロークラークを経験した上で学者になる人が多い。このことには、学者が実務を知るという意味でも大きなメリットがある）。

以上に加えて、個々の弁護士の人的な厚みについても現在よりもさらに充実し（ことに、視野の広さと深さ、そして、国民、市民の権利と自由に対する鋭敏な感覚は求められよう）、その中のすぐれた部分が裁判官、ことに上級審の裁判官をめざすという態勢が弁護士側にできていないと、おそらく、法曹一元制度はうまく機能しない。制度実現のためには、弁護士全体、弁護士会全体が、本気になって取り組んでいく必要があることはもちろんである。

また、日本の司法に特徴的かつ大きな問題の一つとして、裁判官のパターナリズムに対応して、比較的能力の低い弁護士層がそれにもたれかかる傾向のあることが挙げられるが、法曹一元制度の採用により、そうした弁護士層の姿勢も現在よりは改善され、法律家のあり方として本来望ましいものである自己責任の原則が、日本の実務においても確立するようになるだろう。

法曹一元制度における裁判のあり方が日本のそれとどれほど異なるかは、相当の法律知識と経験をもってアメリカ等の法曹一元制度諸国を訪れ、そこにおける裁判や法学教育の実際をみた者でないと、本当には理解しにくい。あまりにも日本の制度と異なるので、想像することが難しいのだ。私が、本書において、あるべき司法の姿（もちろん、それは一つの「理想」ではあるが）と日本のそれとがどのような側面でどのように異なるのかをある程度挑発的に論じたのは、このことによる。

以前から存在したものにはそれなりの根拠があり、その欠点はみえにくいし、それと異なるものは想像しにくい。しかし、それを想像してみる勇気と努力が必要なのである。

なお、日本の隣国である韓国は、従来、ほかの分野と同様、法学や司法制度に関しても、日本のそれをお手本にして後追いしてきたにもかかわらず、法科大学院構想以降は、その制度を日本よりも成功させ、また、法曹一元制度の採用、導入を念頭に置いた司法の民主化、成熟（それは社会の大きな活力源になりうる）に向けての制度改革を着実に成功させて、そうした面に関する限りは日本を追い抜きつつあることをも、指摘しておきたい。映画の質や家電の競争力だけではなく、司法制度、裁判、民事諸法の立法等の、国民、市民の生活や権利に密着した重要な分野についてまで、日本が、韓国や中国を始めとするアジア諸国に後れを取るような事態となることは、避けなくてはならないだろう。

憲法裁判所の可能性

日本の司法の質を向上させていくためには、裁判官制度の根本的な改革とともに、憲法判断を活性化していくことも必要である。そのためには、その中に憲法判断を適切に織り込むことができるような個別的な訴訟形式を少しずつ増やしていくとともに、将来の構想としては、その制度設計、また、裁判官の任命、選出のあり方が適正なものとなるならば、ドイツ型の憲法裁判所の設置も一つの方向として考慮に値すると考える。

憲法判断は、価値的な要素が非常に強く、条文解釈を中心とする通常の法的判断とはかなり異質なものである。日本の裁判所における憲法判断がきわめて低調なのは、第4章で論じたとおり、最高裁判所が憲法判断を行いうる場合をみずから非常に狭く限定してしまったことにもよるが、裁判官たちが憲法上の論点の取扱い方に慣れていないためにそれを敬遠しがちであるという事情もまた存在する。その意味では、憲法判断を専門的に行う裁判所を通常の裁判所とは別に設けることは、憲法判断活性化のための一つの有効な方法である。ドイツではこのような制度が採られているし、アメリカの連邦最高裁判所も、実質的にみるならば、これに近い機能を果たしている。

思い切って新しいシステムを設けることで憲法判断に関わる司法制度の活性化を図り、また、そのような形で抽象的違憲審査（具体的な事件における結論に関わらない限り憲法判断を行わないという日本の裁判所のやり方とは異なり、一般的抽象的な違憲審査の権限を裁判所に認めるやり方）を可能とすることによって、基本的人権侵害のおそれのある法令や行為がきちんとチェックできる態勢を整えることは、日本の社会を本当の意味において民主的なものとしていく上で、大きく貢献するに違いない。

今こそ司法を国民、市民のものに

本書において詳しく論じてきたとおり、近年、ことに二〇〇〇年代以降の時期に、日本のキャリアシステムは、そのメリットを発揮しにくく、デメリットのほうは急速に肥大するという状況になり、裁判官のモラル、士気、能力は、地滑り的に低下していった。ことに、平均的な中間層裁判官の疲弊、なし崩し的な劣化は顕著である。

これには、上層部の荒廃、腐敗とその裁判官全体への影響、バブル経済の時期以降に始まった裁判官の能力水準の低下という事情が関係している。その結果、キャリアシステムを支える基盤であった徒弟制的教育システムの長所が失われ、短所ばかりが目立つ状況となっているのである。

国民、市民、そして、政治的信条のいかんを問わず、心ある政治家やメディアは、こうした事態を直視する必要がある。

前記のような状況を放置するならば、やがては司法システム全体の機能不全を招く危険性が高いといえよう。しかし、残念ながら、現在のキャリアシステムにもはや自浄能力があるとは思われない。したがって、法曹一元制度へのできる限りすみやかな移行を図ることが必要であり、早急にその基盤整備に着手することが望ましい。

司法、裁判所・裁判官制度のトータルなあり方が根本的、抜本的に変わっていかなければ、日本の裁判は、本当の意味においてよくはならない。つまり、国民、市民のための裁判、当事者のことを第一に考える裁判にはならないし、三権分立の要《かなめ》として行政や立法を適切にチェックする機能も果たすことができない。少なくとも、そのことには間違いがないと考える。

あとがき――不可能を可能にするために

この書物を書いている間、私の頭にたびたび浮かんでいたビートルズソングは、彼らの代表的アルバムの一つ『リボルバー』の中でも最もさりげなくかつ奥深い一曲「エリナー・リグビー」（ジョン・レノン＆ポール・マッカートニー）であり、その、

「あの寂しい人たちは、どこからやってくるの？

あの寂しい人たちは、どこに属しているの？」

という一節であった。

日本の裁判官は、一言でいえば、「寂しい人々」である。本当は、何ももっていない、本当は、どこにも属していない、それにもかかわらず、そうではないという幻想を抱き、それにしがみついて生きている、その意味では哀れな根無し草である。

彼ら自身の問題としてみるならば、そのような生き方、法服をまとった官僚、役人、裁判を行っているというよりもひたすらに「事件」を「処理」し続けている役人という生き

方、精神的な収容所、見えない檻の中の囚人、制度の奴隷に近い生き方も、御自由といえるかもしれない。日本は民主国家であり、他人を傷付けない限り、どのような生き方も基本的に自由であり、許されるはずだからである。

しかし、彼らは、現実には、厳然として「裁判官」であり、裁判を行うことによって、国民、市民の、つまり、あなたの運命を左右する存在なのである。

だからこそ、日本国憲法第七六条には、裁判官の独立が、「すべて裁判官は、その良心に従い独立してその職権を行い、この憲法及び法律にのみ拘束される」ことが、定められている。

しかし、この条文は、日本国憲法のほかの数多くの輝かしい条文と同じように、実際には、踏みにじられ、愚弄されている。

既に本書をお読みになった読者の方々は、以上の私の文章が含む意味、趣旨を十分におわかりになるのではないかと考える。

私がこの書物を書いた理由については、もう一人の偉大なロック音楽家であるボブ・ディランの言葉から三つを引用しておきたい（『ボブ・ディラン全年代インタヴュー集』インフォレスト）。

「つまり我々の誰からも声が上がらなかったら、何も起こらず、［人々の］期待を裏切る結果になってしまう。特に問題なのは、権力を持った者の沈黙による『裏切り』。彼らは、何が実際起きているかを見ることさえ拒否している」

「俺にとっては右派も左派もない。あるのは真実か真実でないかということだけ」

「俺は常に個人的見解を持った一個人として生きてきた。もし、自分が存在している意味があるとすれば、みんなに不可能が可能になるって教えてやることだ」

最初の言葉には、まだ少年期を抜け出したばかりの若者の言葉とは思えない深い洞察が含まれている。ディランの言葉は議論の余地なく正しい。私は、これからの研究生活を含めるならば、裁判官としての経歴と学者としての経歴をほぼ同等にもつだろう者として、日本の国民、市民に、つまり、この書物の読者であるあなたに、私が日本の裁判所と裁判官について知りかつ考えるところの「真実」を告げ知らせる義務があると考えた。

私の書物について書かれた最も的確な批評の一つは、民法学者である水野紀子教授（東北大学）による「その土地を熟知してはいるがその土地の者ではない異邦人が案内してくれる旅」というものであるが、それは、この書物にも、いくぶんは当てはまるのではないかと考える。私は、常に、学者の眼をもった異邦人として、日本の裁判、裁判所、裁判官をみてきたからである。おそらく、そのような異邦人にしかみえてこない真実というものがあるはずであり、私は、それを、あなたに伝えたいと考えた。

もっとも、私自身、いつも、自分にみえているものよりもみえていないもののほうがはるかに多いと考えながら手探りで生きてきた迷い人であることも否定できない。

ビートルズのいわゆる『ホワイト・アルバム』から、今度はジョージ・ハリスンの「ホワイル・マイ・ギター・ジェントリ・ウィープス」を引くなら、

「どのようにかは知らない。でも、誰かが君をあやつる。

彼らは君を買い、そして、君を売った」

という一節は、まさに私に向けられたもののように感じられる。私の軌跡は、四六年前にこの曲を初めて聴き、エリック・クラプトンによる、青白く燃える炎のようなギターのフレーズに戦慄したその瞬間から無意識のうちに始まり、今もなお、この一節が含む問いかけに答えるために続いているといってもいいのかもしれない。

そして、この曲には、本書の読者であるあなたに向けられたと感じられる一節もまた含まれている。

「床を見てごらん、汚れている。掃《は》かなきゃならない」

日本の司法というあなたの前のステージは、ピラミッド型ヒエラルキーのキャリアシステムと、その奴隷であり、それに毒された裁判官たちとによって、すっかり汚されてしまっている。

この書物の読者であるあなたには、そのことに気付いてほしいと思うのだ。そこから、あなたの第一歩、司法に対するあなたの問いかけが始まることだろう。

そして、あなたが歩み始めるときには、ディランの最後の言葉を思い起こしてほしい。

「もし、自分が存在している意味があるとすれば、みんなに不可能が可能になるって教えてやることだ」

私は、およそ書物の名に値するすべての書物がその内に含んでいる言明は、ディランのこの言葉ではないかと考える。

日本で法曹一元制度を実現することなど不可能だ、日本の無知な民衆には「お上」が面倒をみてあげるキャリアシステムこそがお似合いなのだ、と訳知り顔で語る人が、多分、あなたの前に何人も現れることだろう。そのときには、ディランのこの言葉を、そっと口ずさんでほしい。

なぜなら、あなたも、私も、およそ人間というものは、不可能を可能にするためにこそ生まれてきたのではないかと、私は、考えているからである。

この書物は、私の研究の総論であり、私の研究の方法論、そこにおける人間認識、人々や実務家の法意識について語り、裁判所・裁判官制度を含めた司法制度批判をも行った書物である『民事訴訟の本質と諸相——市民のための裁判をめざして』（日本評論社、二〇一三年）に講談社現代新書出版部の編集者高月順一さんが注目して下さったことから始まった。適切なアドヴァイスを与えつつ私を励まし続けて下さった高月さん、そして、講談社現代新書出版部長である田中浩史さんと出版部の方々に感謝したい。また、多忙な中原稿に目を通し貴重な御意見を寄せて下さった先輩の中込秀樹さん（元名古屋高裁長官。現弁護士）にお礼を申し上げたい。

なお、前記の書物は、学者として書いたものではあるが、他分野の専門家、知識人や司法に興味を抱いている市民にもお読みいただけるよう、本書ほどではないとしても、わかりやすく書くことに努めたものなので、先のようなテーマに興味をもつ方々には、御一読いただければ幸いである（裁判所、裁判官に関する記述については、本書と一部重複があることをお断りしておく）。

本書は、もちろん一般読者向けに書かれたものであり、難解な法律用語等は一切用いていないし、若干でも専門的な事柄については必ず説明を加えているが、そのことによって記述の水準をいささかも落としてはいない。十分に大部の専門書が書ける内容をぎりぎりまでコンパクトに凝縮したものであり、また、私は、このテーマについては、当面は専門書を書くつもりはない。そのような趣旨の書物としてお読みいただければ幸いである。

最後に付け加えれば、本書は、ある意味で、司法という狭い世界を超えた日本社会全体の問題の批判的分析をも意図した書物であり、そのために、社会学を始めとする社会科学一般の方法をも適宜援用している。私たちの社会の組織、集団等のあり方、バブル経済崩壊以降のその行き詰まり、停滞には、本書で私が種々の側面から分析したような問題に起因する部分が大きいのではないだろうか？　日本の裁判官組織は、法律専門家エリートの閉ざされた官僚集団であるために、そのような問題が集約、凝縮されて現れ、社会病理学、精神病理学的な様相を呈しているのではないだろうか？　それが、私の仮説である。その意味で、本書で私が提起した問題には、一定の普遍性があるのではないかと考えている。

二〇一四年一月一日

瀬木　比呂志

講談社現代新書　2250

絶《ぜつ》望《ぼう》の裁《さい》判《ばん》所《しょ》

二〇一四年二月二〇日第一刷発行　二〇一六年一〇月二六日第八刷発行

著者　瀬《せ》木《ぎ》比《ひ》呂《ろ》志《し》　©Hiroshi Segi 2014

発行者　鈴木 哲

発行所　株式会社講談社
東京都文京区音羽二丁目一二―二一　郵便番号一一二―八〇〇一

電話　〇三―五三九五―三五二一　編集（現代新書）
〇三―五三九五―四四一五　販売
〇三―五三九五―三六一五　業務

装幀者　中島英樹

印刷所　凸版印刷株式会社

製本所　株式会社大進堂

定価はカバーに表示してあります　Printed in Japan

N.D.C. 321　238p　18cm
ISBN978-4-06-288250-7

「講談社現代新書」の刊行にあたって

教養は万人が身をもって養い創造すべきものであって、一部の専門家の占有物として、ただ一方的に人々の手もとに配布され伝達されうるものではありません。

しかし、不幸にしてわが国の現状では、教養の重要な養いとなるべき書物は、ほとんど講壇からの天下りや単なる解説に終始し、知識技術を真剣に希求する青少年・学生・一般民衆の根本的な疑問や興味は、けっして十分に答えられ、解きほぐされ、手引きされることがありません。万人の内奥から発した真正の教養への芽ばえが、こうして放置され、むなしく滅びさる運命にゆだねられているのです。

このことは、中・高校だけで教育をおわる人々の成長をはばんでいるだけでなく、大学に進んだり、インテリと目されたりする人々の精神力の健康さえもむしばみ、わが国の文化の実質をまことに脆弱なものにしています。単なる博識以上の根強い思索力・判断力、および確かな技術にささえられた教養を必要とする日本の将来にとって、これは真剣に憂慮されなければならない事態であるといわなければなりません。

わたしたちの「講談社現代新書」は、この事態の克服を意図して計画されたものです。これによってわたしたちは、講壇からの天下りでもなく、単なる解説書でもない、もっぱら万人の魂に生ずる初発的かつ根本的な問題をとらえ、掘り起こし、手引きし、しかも最新の知識への展望を万人に確立させる書物を、新しく世の中に送り出したいと念願しています。

わたしたちは、創業以来民衆を対象とする啓蒙の仕事に専心してきた講談社にとって、これこそもっともふさわしい課題であり、伝統ある出版社としての義務でもあると考えているのです。

一九六四年四月　野間省一